吉岡眞司

強いチームはなぜ「明るい」の

GS 幻冬舎新書 739

強いチームはなぜ「明るい」のか／目次

構成　堀尾大悟
DTP　美創

序章

成果を挙げているチームはなぜ「明るい」のか？

なぜ厳しい場面でも彼らは前向きなのか

「ありがとう！」
「ありがとう！」

これは、2023年8月に開催された第105回全国高等学校野球選手権大会の最中、慶應義塾高等学校（以下、「塾高」と記す）のベンチで飛び交っていた言葉です。この年、5年ぶりに甲子園へ出場した塾高は、強豪校を次々と撃破。決勝戦では前年の優勝校・仙台育英と対戦し、見事8対2で勝利を収めました。実に107年ぶりとなった優勝は、高校野球ファンのみならず、日本中の大きな注目を集めました。

同時に、「ありがとう！」という感謝の言葉が飛び交い、明るさが漂うベンチの様子に**「どうして慶應の選手たちは『ありがとう！』と言い合っているのか」**といった疑問が寄せられたのです。

もう一つ、全国の野球ファンを「あれはいったい何なんだ？」と驚かせた塾高の〝奇行〟があります。

初戦2回戦の北陸高校との一戦。塾高は優位に試合を進め、9対0で最終回を迎えるも、猛攻を受け2ランホームランを浴びるなどして4点を返されてしまいました。

ところがそんな場面で、ホームランを打ってダイヤモンドを一周する相手バッターに対し、塾高ベンチから拍手が送られたのです。

追い上げを受けているにもかかわらず、なぜ拍手を？——相手チームにとって異様な光景に映ったのではないでしょうか。

実は、こういった言動の数々は、彼らなりの考えに基づくものでした。北陸との試合終了後、キャプテンの大村昊澄《そらと》選手は、取材に対してこう答えています。

「新チームが始まってから、相手をリスペクトしようと言っていて、ホームランに限らず、良いプレーがあれば野球人としてたたえようという話をしていました」

（神奈川新聞「異様な雰囲気の九回、対戦相手のホームランに送った拍手」2023年8月13日）

また、チームのムードメーカーである安達英輝選手も、複数のメディアに対して次のように明かしています。

「対戦相手からすると、『なんで？』と思われるような前向きな言動を意識的にとっていました。たとえば、ホームランやファインプレーのときに拍手をする。試合開始直後に初めて、相手ベンチ前を通る際にはきちんと立ち止まって深くお辞儀をする。普通のチームでは行わないような行動をとっていました」

彼らのこういった考えや行動は、どのように醸成されていったのでしょうか。

「日本一」になるために導入したメンタルトレーニング

「吉岡さん、日本一を一緒に目指しましょう！」

甲子園での歓喜の瞬間からさかのぼること約2年前。塾高野球部より先に私に声をかけてくれたのは、慶應義塾体育会野球部（慶應義塾大学野球部）の堀井哲也監督でした。

２０２０年の東京六大学野球秋季リーグ戦。慶應義塾大学（以下、「慶大」と記す）は宿敵・早稲田と直接対決の時を迎えていました。優勝まで「あと1アウト」というその場面で、痛恨の2ランホームランを浴びてしまい、まさかの逆転負け。手が届きかけていた優勝を早稲田に奪われてしまいます。

優勝まで、本当にあと一歩。その**「あと一歩」を埋めるためにはメンタル面での強化が必要**と考えた堀井監督が、人財育成とメンタルサポート事業を行っている私に声をかけてくれたのです。

メンタルトレーニングを取り入れた後のチームの変化について、当時の主将を務めた福井章吾選手はインタビューの中で次のように答えています。

「僕個人としては『ありがとう』というワードを本当によく使うようになったことですかね。ただ、『ありがとう』を口に出すとなると恥ずかしいじゃないですか（笑）でも、プラスの事を思うのと言葉に出すのは大違いだということを脳科学的見地から教えてもらい、凄く納得できたので、意識して使うようにしました。チームとしては、親指を立てながら『いいね！』と言う、『いいねポーズ』を作り、練習中に良いプレーが出た時には皆で『いいね！』と言い合うようにしたんです。そうしていたら、アップの時やダッシュの時でも『いいね！』を乱発するようになり（笑）、チームの雰囲気がどんどん明るくなっていきました」

（「慶應義塾大学野球部 日本一の陰にSBTあり！～Giving back（恩返し）の優勝～」

日本能力開発分析協会『ＪＡＤＡ通信』１２６号）

そして迎えた、２０２1年の東京六大学野球春季リーグ戦。初戦の法政大学戦で、慶大ナインの「変化」が早くも表れます。

優勝候補筆頭の法政大学に2点をリードされる苦しい展開。しかも、６回までノーヒットで一人の走者も出せず、完璧に抑え込まれていました。点差以上に相手との力の差を見せつけられ、意気消沈してもおかしくない状況です。

それでも、慶大の選手は相手ピッチャーに少しでもプレッシャーを与えようと必死でボールに食らいつきました。ベンチの選手たちも「いいぞ！」「まだまだこれからだ！」と前向きな言葉を送り続けます。すると、好投を続けていた相手ピッチャーに異変が起きます。ヒットこそ許さないものの、コントロールに乱れが生じ、試合の終盤に6つの四球を出してしまったのです。

結局、その試合は1対2で慶大が敗れました。しかし、試合終了後、メディアが「プロ注目の右腕、三浦投手が慶大相手に〝ノーヒットワンラン〟」と法政のエースの偉業を報じる中、その彼は勝利者インタビューで次のコメントを残していました。

「慶應のバッターの気迫に押され、逃げ腰になってしまいました」

こうして初戦は落としたものの、勢いに乗った慶大はその春季リーグ戦で優勝。そして、全日本大学野球選手権大会で34年ぶりとなる4度目の大学日本一に輝いたのです。また、同年の秋季リーグ戦でも優勝し、30年ぶりの春秋連覇を達成。さらに、2023年の東京六大学野球秋季リーグ戦でも4期ぶり40回目の優勝を果たすとともに、明治神宮野球大会で4年ぶり5度目の大学日本一の栄冠を手にしたのです。

2021年2月にメンタルトレーニングを導入し、すぐにリーグ戦優勝、そして大学日本一と次々に結果を出した慶大。その姿を「弟分」の塾高も間近に見ていました。そのこともあって、塾高野球部の森林貴彦監督からも声をかけていただき、私は同校野球部の人財育成・メンタルコーチも兼任することになったのです。

2022年夏大会後に結成された塾高新チームのキャプテン・大村選手をはじ

め、塾高の選手たちは皆、「日本一になるために必要なことはどんなことでも実践してみよう」と、メンタル面の強化に意欲的に取り組みました。甲子園での107年ぶりの優勝の背景には、このようなチームづくりがあったのです。

「明るい＝雰囲気のいい」チームに見られる7つの特徴

慶大、そして塾高と2つの野球部で、監督やコーチ、部員たちと直接やり取りをし、チームの変化とグラウンド上での活躍を間近で見てきた経験からも、私には一つ、確信を持って言えることがあります。

それは、**成果を挙げているチームは「明るい」ということ。**

ここでの「明るい」とは、おちゃらけていたり、意味もなく騒いだりしている、という意味では決してありません。練習はつらいことや苦しいことも多いですし、監督やキャプテンから時に厳しい声が飛ぶこともあります。それでも、チーム全体が活気にあふれていて、良い緊張感があり、部員たちが主体性を持って、今行うべきことに集中している――この状態を一言で言い表すのは難しいのですが、**「雰囲気がいい」**のです。

その「明るい＝雰囲気のいい」チームには、次のような特徴が見られます。

●個々のメンバーが、チームにおける自分の役割・立場を自覚し、指示を待つことなく自ら考え、主体的に行動している。

●メンバー同士がお互いに尊重し合い、仲間を思いやる心や感謝の気持ちを持っている。

●「ありがとう！」「いいね！」などのポジティブな言葉が飛び交っている。
●メンバー各々がいい表情をしている。
●大きな目標を掲げている。それが、側から見ると「そんなの無理」と思えるようなレベルのものであっても、メンバー全員が「絶対に実現できる」と信じている。
●その目標の実現に向けて、一人ひとりがコツコツと努力している。心身を追い込むような練習も、チームで励まし合いながらいい表情で乗り越えている。
●仲間がミスをしてもなじったり怒ったりすることなく、その仲間を励まし、勇気づける言葉をかけている。また、一人のミスをほかのメンバーでカバーしようと行動している。

お気づきの方もいると思いますが、ここに挙げた特徴は、スポーツの分野だけにかぎったことではありません。ビジネス、研究、芸術など、すべてに当てはまることなのです。

「会社の仕事で『明るさ』は必要なのか？」と思う方もいるかもしれません。しかし、ビジネスシーンにおいても、明るい組織やチームは、上司・部下にかかわらず気軽に話せる雰囲気があるので、相談がしやすく情報共有が円滑に進みます。時には雑談に興じながらも、一人ひとりが仕事に集中し、メンバー個々が高いモチベーションを保ち、主体的に動くので、高い実績を挙げることができるのです。

チームや組織の明るさというものは、それを率いるリーダーや、そこに集うメンバーの「明るさ」があってこそ生まれるもの。

では、この「明るさ」とはいったい何から生まれるのでしょうか？

それは、**心の状態を自らコントロールし、どんな状況でも自分の持つ力を100％発揮できるように努めること、これに尽きます。**先に述べた塾高の選手たちの「ありがとう」という言葉の応酬、相手チームのファインプレーに対する拍手などは、すべてがここに繋がっているのです。

肯定的に脳を「だます」ことで、パフォーマンスは最大化できる

心の状態をセルフコントロールすることは、トレーニング次第で誰でも身につけることができます。そのポイントは、私たちの脳のメカニズムをきちんと理解し、脳に肯定的な「錯覚」を起こさせること。**誤解を恐れずに言うと、脳をうまく「だます」ことで、マイナスに傾いた心の状態をプラスに引き寄せることができるのです。**

私は、盛和塾、ならびに日本航空で稲盛和夫さんに師事し学んだ人間学を基軸に、大脳生理学と心理学に裏付けられたメンタルトレーニング理論「SBTスーパーブレイントレーニング（以下、「SBT」と記す）」と、人間学を育む月刊誌『致知』を活用した勉強会をミックスさせたプログラムを使い、塾高・慶大の野球部、箕面《みのお》自由学園高等学校チアリーダー部などをチーム指導しています。また、スポーツ分野だけでなく、受験生やビジネスパーソンなど、個人のメンタルサポートにも携わってきました。

そのプログラムの中から、個人あるいはチームのパフォーマンスを最大限に引き出すための基礎的な理論やメソッドを本書では紹介していきます。

第1章では、メソッドの軸となる脳の基本的な特徴や、「プラスの出力」で感情をコントロールする仕組みについてお話しします。

第2章から第5章までは、主に個人にフォーカスし、「目標」を掲げることの大切さ、「目標」を達成するために重要な「スモールステップ」などについて紹介します。

第6章、第7章ではチームに視点を移し、組織全体でパフォーマンスを最大化し、成果を挙げるためのメソッドなどをお話しします。

素直に取り組むことが成功への近道

本書で紹介する内容に、難しいものは何一つありません。大事なのは、少しずつでもいいので日常に取り入れ、実践し、習慣化することです。塾高や慶大の選手たちも、素直にトレーニングに取り組み、グラウンド上だけでなく、学校や自宅など日常生活でも実践していました。だからこそ、甲子園や全国大会の大舞台でもそれを実行することができ、臆することなく持てる以上のパフォーマンスを発揮し、日本一という栄冠を摑むことができたのです。

チームの戦績や業績を高めたい。メンバーから頼りにされるリーダーでありたい。何事もあきらめていた自分を変え、自信を身につけたい。

そう願う方はぜひ、本書をきっかけに、思考と意識を変える一歩を踏み出してみませんか。自らの意思さえあれば、眠っているポテンシャルを引き出し、人生を飛躍的に好転させることは誰でもできるのです。

第1章

「プラスの出力」をすれば、意欲と行動が変わる

心の状態は「振り子」のようにプラス・マイナスを行き来している

どんな場面でも自分の持てる力を100%発揮し、成果を挙げられるようになる、そのための第一歩は、まず自分の心の状態を知ることです。

私たちの心は、さながら振り子のように前向きな気持ち（プラス）と、後ろ向きな気持ち（マイナス）を絶えず行ったり来たりしています。気持ちがプラスの状態のときは何をやってもうまくいくように感じますが、反対にマイナスのときは何もかもうまくいかないように感じてしまいます。

この心の振り子の状態は、私たちの思考と体調に大きな影響をおよぼすことがわかっています。

「このピンチで失敗は許されない……」
「ミスをしてしまった。上司にどう伝えよう……」
「大事な面接を前に、緊張している。どうしよう……」

このようなネガティブな感情に襲われているときには、自分に過度なプレッシャーがかかってしまい、自分本来のパフォーマンスが特に発揮できなくなってしまいます。

しかし、一見、悪者のように思えるネガティブな感情も、私たちが生きていくうえで必要なものなのです。

人間はこれまで、命の危険と隣り合わせだった時代を長く過ごしています。農耕時代、いやそれ以前の狩猟時代の頃から、私たちの遠い祖先は、生きながらえるために身の回りに危険なものがないか、常に先を見越して安全を確保することが求められていました。当時の人間にとって、ネガティブな感情や感覚は危険から身を守り、生きていくために不可欠なものだったのです。

だから、**不安を感じたりストレスを過敏に感じたりするのは、人間として当たり前のことであり、それ自体を否定したり悲観する必要はありません。**いわば私たちの本能のようなものですから。

話を戻すと、大事なのは、心の振り子は常にプラスとマイナスを行き来するものであり、それが私たちのパフォーマンスに影響をおよぼすというメカニズムを理解すること。そのうえで、大事な場面で感情をプラスの状態にすることです。

自分の感情を客観的に把握し、セルフコントロールする方法を身につけることで、「あ、今不安を感じているな」「緊張しているな」という場面でも心の状態をポジティブに変えられるのです。

脳は「失敗」や「イヤなこと」ほど記憶している

ではそもそも、心の状態というのは、自分の力でコントロールできるものなのでしょうか。

答えは「できる」です。

そして、そのカギを握るのが、**「言葉・動作（態度）・表情」**の3つの要素です。

私たちが普段何気なく発している言葉や動作・表情は、無意識のうちに目や耳がキャッチし、脳に届けられ、心の状態に影響を与えます。

たとえば、イヤなことが起きたり、思いどおりにならないことがあったりすると、無意識のうちに「だめだ！」「なんでだよ！」などとマイナスの言葉をつい口にしてしまう、ふてくされた態度や浮かない表情が出てしまうことがあると思います。このような言動や表情は、そのまま自分の目や耳から脳に伝わり、心の状態に悪影響をおよぼします。その結果、心の振り子がマイナス方向に振れて、パフォーマンスを発揮しにくい状態になってしまうのです。

それでは、なぜマイナスの言葉・動作・表情が、心の状態に悪影響を与えてしまうのでしょうか。それは以下のような仕組みです。

私たちの脳には、過去の経験・体験を、そのときの感情とセットで無意識のうちに記憶するという特徴があります。「失敗した」体験と、「恥ずかしかった」「イヤな思いをした」という感情がセットになって、記憶データとして脳の中に蓄積されていくのです。そして、マイナスの言葉を口にすると、「あのしんどかったときについ発してしまった言葉だ」という脳の記憶データに結びついてしまい、そのときの状況や感情が鮮明に呼び起こされてしまいます。そのため、マイナスの感情に苛《さいな》まれてしまうというわけです。

それからもう一つ、**脳には「プラスよりマイナスのことを優先的に記憶する」という特徴もあります。**そもそも人間はネガティブになりやすい傾向があります。「私ってどうしても物事をマイナスに考えてしまう癖がある」と嘆く人がいますが、人間である以上それは当たり前のこと。私たちは、誰もが普通にマイナス思考になってしまうような脳を持ち合わせているのです。

脳は耳に入った言葉を「誰が言ったのか」関知しない

さらに、**私たちの脳には「言葉を『誰が言ったのか』は関知しない」という特徴もあります。**つまり、耳に入った言葉に対して、それを発したのが自分なのか、目の前の人なのか、それとも見ず知らずの第三者なのかを、脳は関知せず一つの音声データとして処理をするのです。

たとえば、近くにいる自分とは何の関わりもない赤の他人が、マイナスの言葉を発している（怒鳴っている、悪口を浴びせているなど）状況に出くわし、その言葉をたまたま耳にしたとします。そのとき、あなた自身はその人とは無関係であるにもかかわらず、あなたの脳は自分に向けて発せられた言葉と錯覚して受け取ってしまい、ネガティブな感情になってしまうのです。

逆に、あなたが会社のある部署のリーダーだとして、自分の部下に「なんででできないんだ!」と叱責したとしましょう。すると、その「なんでできないんだ!」という叱責の言葉は、近くに居合わせたほかのメンバーの耳にも入ります。すると、その言葉を耳にしたメンバー全員の脳に、過去に自分がその言葉を言われたときのマイナスの記憶と感情が呼び起こされ、結果としてチーム全体にネガティブな空気がまん延してしまいます。

それだけでなく、「なんでできないんだ!」という言葉を発したあなた自身も、自分の耳でその言葉を聞くことで、さらにネガティブな感情を高めてしまうのです。

ジャンケンで負けても「よっしゃ!」と叫んで喜んでみる

このように、私たちは自分が口にした、あるいは周囲から聞こえるネガティブな言葉によって、知らず知らずのうちに、心の振り子がマイナスに振れた状態になってしまうわけです。

では、心の振り子をプラスに振るにはどうすればよいのでしょうか?

答えは簡単で「逆」のことをする、つまり**ポジティブな言葉で、脳内にプラスのイメージや感情を呼び起こせばよいのです。**

「あ、今、気分が今ひとつ上がらないな」と思ったら、口先だけでもよいのでプラスの言葉を口にしてみる。普段から、事態や状況を問わず、このようなプラスの出力を心がけると、脳が勝手に肯定的な錯覚を起こし、心をポジティブな状態にセルフコントロールすることができるわけです。

このような心のセルフコントロール術として、私がメンタルサポートをする方々に、最初に実践してもらう「プラスの出力」のワークがあります。

2人1組で、ジャンケンをします。勝った場合はもちろんですが、負けても、あいこでも、腕を突き上げながら大きな声で「よっしゃ！」と叫んで喜ぶのです。

「負けたのに『よっしゃ！』はおかしいのでは？」

と思うでしょう。でも、いいのです。

この「プラスの出力」での重要なポイントは、たとえ論理的につじつまが合っていなくてもかまわないということです。言葉そのものの意味はさておき、大きな声でプラスの状況のときに発する言葉を口にし、脳に届けることでポジティブな感情を呼び起こすことができるのです。

マイナスの言葉を即座にプラスの言葉で上書きする

この「プラスの出力」を習慣化するための、次のような「**速攻上書きワーク**」もあります。

①2人1組のペアをつくります。
②物事がうまくいかなかったり落ち込んだりしたときに、無意識のうちに発してしまう「マイナスの言葉」を思いつくかぎりたくさん書き出します。
③次に、物事がうまくいったときによく口にする「プラスの言葉」も同じよう

にリストアップします。

④プラスの言葉として書き出したものの中から、最もよく口にする言葉を一つ選びます。

⑤あなたが書き出したマイナスの言葉が「疲れた」「だるい」「つらい」、最もよく口にするプラスの言葉が「よっしゃ！」だとします。まず、マイナス言葉の「疲れた」を実際に口にします。

⑥ペアの相手が、そこから「3、2、1」とカウントダウンします。

⑦カウントダウンが始まった瞬間に、あなたは「よっしゃ！」とすぐに言い直します。

これは、マイナスの言葉を発した事実を、即座にプラスの言葉で「上書き」するというワークです。なお、プラスの言葉を一つに絞る理由は、上書きする言葉がたくさんあると「あれ、なんだっけ？」とわからなくなったり、混乱したりする可能性があるので、それを避けるためです。

この即座に上書きするワークは、脳のもう一つの特徴を利用しています。それは**「脳は後から口にした言葉の影響を受ける」**ということです。

「だるい」とマイナスの言葉を発しても、すぐさま「よっしゃ！」とプラスの言葉で上書きすることで、脳に肯定的な錯覚を起こさせることができ、一旦マイナスになった心の振り子をプラスに振り直すことができるのです。

言葉が脳に与える影響はとても大きいので、本来はマイナスの言葉を口にすること自体を禁止した方がよいのです。しかし、そのルールを厳格に強いてしまうと、無意識のうちにふと口にしかけた言葉を止めなければならなくなり、かえって脳にストレスをかけてしまいます。

日常生活でマイナスな言葉を発してしまうのは仕方がない。でも、口にしてしまったらプラスの言葉で上書きすればよい――そう考えれば、少しは気がラクになるのではないでしょうか。

言葉以上に感情に影響をおよぼす「動作・表情」

また、感情に影響をおよぼすのは「言葉・動作・表情」の3要素とお伝えしましたが、言葉以上に「動作・表情」の方が、影響力が強いと言われています。

そこで、先ほど紹介した「プラスの出力」のワークでは、動作・表情についても同様に行います。もし、マイナスの動作・表情が出てしまったら、プラスの動作・表情で上書きしてもらいます。「プラスの動作・表情」は、人それぞれさまざまですが、代表的なものとして、ガッツポーズ、Vサイン、笑顔などが挙げられます。

また、プラスの感情をもたらすポーズの中には、「魔法のような」ポーズもあります。このポーズは逆境に直面したときに、目標や目的を想起させ、さらに脳に肯定的で強烈な錯覚をもたらし、やる気や行動意欲を呼び覚ますスイッチとして働くものです。

これについては、第４章で詳しく紹介します。

「プラスの出力」はこじつけでもかまわない

「部活動でどんなに練習を頑張ってもレギュラーになれない」

「受験勉強や資格試験の勉強でなかなかいい結果が出ない」

「仕事で大きなミスをしてしまった」

このような場面に直面すると、「自分はなんでこんなにダメなんだろう……」と落ち込み、感情がマイナスに大きく傾いてしまいます。

「こんなに苦しい、つらい状況で、ポジティブな言葉を発することなんてできない……」

そう思う人もいるかもしれません。それでも、ピンチの状況や落ち込んだときこそ、だまされたと思って「よっしゃ」「やってやるぞ」「自分はできる」といったポジティブな言葉をあえて発してみましょう。

先ほどの「ジャンケン」のワークでもお話ししたように、「プラスの出力」は論理的につじつまが合っていなくてもかまいません。ジャンケンで負けたのに大声で「よっしゃ！」と叫びながら喜ぶのはおかしいのですが、それでいいのです。まずはプラスの言葉を発し、脳に肯定的な錯覚をもたらすことに意味があります。

逆に物事がうまくいったときにも、あえて**「うまくいったぞ！」**とポジティブな言葉を発してみましょう。そのポジティブな言葉を耳がキャッチしてプラス思考がさらに強化されます。うまくいったときもいかなかったときも、ポジティブな言葉が起点となって、脳の入出力のメカニズムを活用した好循環が生まれるのです。

「プラスの出力」入門編は「ありがとう」と「笑顔」

ここまで読んでくださった方はもうお気づきだと思いますが、序章でお話しした塾高・慶大の選手たちが「ありがとう！」という感謝の言葉をかけ合ったり、敵味方関係なくいいプレーに拍手を送ったり、いい表情を見せたりしていた背景には、「プラスの出力」を徹底するという意図がありました。プラスの言葉・動作・表情を常にアウトプットすることで、ピンチの場面で感情がどれほどマイナスに揺れ動いたとしても、自分たちでセルフコントロールしてパフォーマンスを発揮しやすい状況をつくっていたのです。

このような心のセルフコントロール術を使いこなすには、日頃から意識して行っておくことが重要です。なぜなら、**普段できていないことを、〝いざ、ここで〟という場面で行おうとしてもできない**からです。

私たちの日常は、ネガティブな情報であふれています。街中で見ず知らずの人が発したマイナスの言葉や、すれ違いざまに肩がぶつかったときの舌打ち、疲れた表情など、目と耳から入ったネガティブな情報が無意識のうちに脳に届けられ、そのたびに心の振り子がマイナスに振れてしまいます。

言い換えると、**日常生活において「プラスの出力」のトレーニングを行うチャンスは身近にふんだんにあるわけです。**だからこそ、日頃からその機会を活かして数多くアウトプットしておきましょう。

たとえば、誰かが発したマイナスの言葉が耳に入ってきても、そのときに「ありがとう」と小声で言ってみる。あるいは、気づかれないように小さくガッツポーズしてみる。それを日頃から意識して行っておくことで、心をセルフコントロールするコツが徐々に身についていきます。

学生の方なら、授業中に先生が自分の方を向いたときに「イヤだな、当てられたくないな」と不安な気持ちになることがありますよね。そのときに、自分でプラスの言葉、あるいは動作・表情をこっそりとしてみるのもいいでしょう。日常生活のさまざまなシーンで、繰り返し経験を積み重ねておくことが大切です。

もし、自分が普段アウトプットしているプラスの言葉や動作・表情がすぐに見当たらない場合は、まず「プラスの出力」の入門編として**「ありがとう」**や**「笑顔」**を使ってみることをお勧めします。

というのも、「ありがとう」という言葉は、年代や国籍を問わず、誰しもがポジティブな気持ちになっているときに発する代表的なものだからです。人に「ありがとう」と言うとき、ネガティブな気持ちになっている人はいないものです。

言葉の代表例が「ありがとう」なら、表情の代表例は「笑顔」です。

笑顔のときは、どんな人も必ずポジティブな気持ちになっています。日常、どこからともなくマイナスの言葉が聞こえてきたら、さりげなくニコッとしてみましょう。

第2章

笑われてもいいから「ワクワクする」目標を掲げる

「成功するからワクワクする」ではなく「ワクワクするから成功する」

ここでまずお伝えしておきたいのは、スポーツ、試験、仕事にかぎらず、成功する人には「ある共通点」があることです。

それは、**成功すると信じ続けていること。**

「私は絶対に成功できる」と強く信じ続けた人だけが、成功を手にすることができるのです。

偉人と言われる人の評伝を読むと、必ずと言っていいほど、成功するまでの過程において「そんなの無理に決まっている」「常軌を逸している」「成功するはずがない」など、周りの嘲笑や非難を受けています。そのような周囲の声があっても、当の本人だけは自らの信念を曲げることなく「絶対に成功する」と信じ続けている。だからこそ、世間の常識を超えて、歴史に残る発見や、それまでの記録を塗り替えるといった偉業を成し遂げられたのです。

塾高の選手たちも「KEIO日本一！」という目標を掲げていました。有望な選手をスカウトした強豪校がひしめく中での日本一という目標は、〝常識〟で考えれば高すぎるハードルです。

私は、初めて彼らからその目標を聞いたとき「それって、本当に実現できると思う？」とわざと挑発してみました。「僕たちは日本一になる」という意思が表情から伝わってくる部員もいましたが、全員が信じきれてはいないように私には見えました。ただ主将の大村君だけは、誰に何を言われようが、自分たちの目標は「ＫＥＩＯ日本一」と言い続けました。

そして春の甲子園で、優勝候補の仙台育英高校と試合を行ったことで、日本一へのプロセスやそれを具現化するイメージが具体的になり、その後すべての部員が「日本一」という言葉を言えるようになったのです。


成功のイメージを思い描くうえで大切なことを一つ挙げます。

それはまず「その成功イメージにワクワクできるか？」ということです。

ワクワクしているときは、心がポジティブな状態なので、行動意欲と行動力が高まり、パフォーマンスが大いに発揮しやすい状況になります。だからこそ、「ワクワクするから成功する」というわけです。

なぜ「目標」だけでなく「目的」も明確にするのか

では、壮大でワクワクする目標を掲げたとき、そもそも、その目標は「何のために」達成したいのでしょうか？

「受験に合格する」が目標であれば、何のために合格したいのか？
「課長に昇進する」が目標であれば、何のために昇進したいのか？

世の中には、「目標」は設定していても、「何のために」という「目的」を明確にしている人はあまり多くはいないものです。実は、目的がはっきりしていないと、目標を達成しようとする使命感、やる気やモチベーションなどが上がりにくいのです。

身近な例を挙げてみます。

あなたが会社で忙しく仕事に追われているとき、上司から「30分以内にこの資料を200部コピーしてくれないか」といきなり指示されたとします。おそらく多くの人が「こっちは今忙しいのに何言ってるんだ……」とカチンとくることでしょう。

でも、同じ指示にしても、こう言われたらどうでしょう。

「君が忙しいのはわかっている。ただ、1時間後に大事な会議があるんだけど、資料に間違いが見つかって、組み直しが必要になった。今、みんなにもお願いをしている。申し訳ないけれど、君にもコピーを手伝ってほしい」

いきなり「200部コピー」と伝えられたときと比べ、印象はまったく異なるのではないでしょうか。

忙しくしている自分が、なぜ今、手を止めてまで手伝う必要があるのか――「何のために」手伝う必要があるのかといった目的の有無によって、受け止め方は変わり、行動意欲も大きく変わるわけです。

「人を喜ばせたい」という本能を味方につける

この目標と目的を設定するうえで、もう一つ覚えておいていただきたいのは、**人は自分のため「だけ」にはなかなか頑張れない**ということです。

先ほど「ワクワクする目標を掲げましょう」とお話ししました。「ワクワクする」のは言うまでもなく「自分」です。ただ、その目標の動機付けが、「自分のため」だけになっていると、大きな壁にぶつかったときにくじけやすい傾向があります。「どうにも苦しいから、もう今回はダメでも次で頑張ればいいか」などと簡単に逃げてしまいやすいのです。

少し専門的に説明すると、私たちには身を守るための自己防衛本能があります。「自分の喜び」だけが動機になった目標だと、壁にぶつかってどうにも前に進めなくなった際に、「自己防衛本能」が過剰に働き出すことがあります。すると、私たちの脳は、自己を正当化するあまりに、前に進めなくなった事実に対して、責任転嫁する傾向を持ち合わせています。

たとえば、

「アイツがいるから、これだけ努力してもレギュラーになれない」

「育ってきた環境が悪いから、いくら勉強を頑張っても志望校に合格できない」

このように、自分の外に原因を求めることで、今のつらい状況から逃げ出そうとしがちです。

しかし、家族や友人、チームの仲間、パートナーなど「誰かのために」という動機があると、くじけそうになったとしても、**「あの人を喜ばせるためにもう少し頑張ってみよう」**という思いが脳内をよぎり、簡単にあきらめにくくなるのです。

これは、**私たちには誰しも「人を喜ばせたい」という本能があるからです。**仕事でもプライベートでも、自分が行ったことで人が喜んでいる姿を見たり、「ありがとう」と言われたりすると、うれしくなって、また何かしてあげたくなるのはそれゆえです。「また喜んでもらいたいな」「また力になりたいな」という気持ちが自然とわいてくるのです。

ですから、

「いや、ちょっと待て。私はいつも支えてくれる両親の喜ぶ顔が見たいからレギュラーを目指していたはずだ」

「あの大学に合格して、将来この道に進んで人の役に立ちたいから、勉強を頑張っているんだ」

このように、目標設定において、「自分のため」だけでなく、「誰かのため」という要素を加えることで、私たち人間が生まれながらにして持つ「人を喜ばせたい」という本能を味方につけることができます。もう限界と思えるようなときに、もうちょっと踏ん張ってみようという強い気持ちが生まれてくるのです。

「なでしこジャパン」が世界一になった理由

2011年にドイツで開催された「FIFA女子ワールドカップ」で、女子サッカー日本代表チーム「なでしこジャパン」が初優勝を成し遂げました。日本のチームがサッカーの世界大会で初めて頂点に立った、この快挙を支えたのも「誰かのために」という思いでした。

その年の3月11日に東日本大震災が発生。東北地方を中心に地震と津波で大きな被害に見舞われました。

「日本中が震災で大変なときに、私たちは海外にサッカーの試合に行っている場合なのか……」

大会を控えて合宿していた選手たちの間にも疑問と葛藤が生まれ、「大会に出場すべきか、辞退すべきか」と喧々諤々《けんけんがくがく》に議論したこともあったそうです。

当時のなでしこジャパンを率いていた佐々木則夫監督は、準々決勝のドイツ戦、そして決勝のアメリカ戦を前に、選手たちにある「映像」を見せました。そのときのエピソードを、次のように回想しています。

「ドイツ戦の前に見せたのが『われわれは日本を代表している』という映像でした。何のために、この大会を戦っているのか。それは震災で打ちひしがれた人たちに、われわれが一生懸命ひたむきにプレーする姿を見ていただいて、何とか元気になってもらうためだよね？　そのことを、映像を使って再確認することができました。決勝の米国戦では『次のステージに向けて』――つまり復興ですよね。ドイツには勝ったけれど、そこで収まらずに新しいステージに向かっていこう、というメッセージを込めました」

（宇都宮徹壱「２０１１年の東日本大震災となでしこジャパン　佐々木前監督が語る『あの時考えたこと』」Sportsnavi／２０１９年３月11日）

これが「誰かのために」です。

当初、なでしこジャパンが掲げていた目標は「ベスト4以上に入ってメダルをとる」、そして「一度も勝っていないアメリカに勝つ」ことでした。これらは自分たちがワクワクすること、つまり「自分たちのため」だけの目標でした。

そこに「被災地の方たちを元気づける」という「誰かのために」の要素が加わったことで、なでしこジャパンは次々と強豪国に勝ち、決勝ではアメリカと対戦。PK戦までもつれた激闘を制し、優勝の快挙を成し遂げたのです。

「出世したい」のは何のため？

この「誰かのために」を目標や目的に取り入れた事例を、私がメンタルサポートに携わった実際のケースからご紹介します。

30代の会社員・Aさん。会社の昇格試験を間近に控え、仕事後に机に向かうものの、集中力が続かず、思うように試験対策が進まないことに悩んでいました。

Aさんは次のように目標達成への思いを語りました。

「どうしても僕は出世がしたいんです。その試験に落ちると、合格した同期との間に差がついてしまう。昇格しないわけにはいかないんです」

ところが、仕事を終えて疲れて帰宅し、毎晩2時間は机に向かう時間を確保するものの、気持ちとは裏腹に手元にあるスマートフォンや週刊誌に手が伸びてしまう。「自分の視界に入らないように」とスマホや週刊誌を遠ざけるようにしても、今度は気がついたら勉強とは関係ないことをぼんやり考えてしまっている――と、Aさんは悩みを打ち明けてくれました。

Aさんの目標は「昇格試験にパスする」こと。その先にある目的は「出世したいから」「同期に後れをとりたくないから」。つまり、「自分のため」だけの目標や目的になっていました。そのため、壁にぶつかったときにくじけやすく、身の入らない状態に陥っているように私には見えました。

そこでAさんに、「『出世したい』『同期に後れをとりたくない』」という目的に至る経緯について尋ねてみました。

実はAさん、２人のお子さんを持つ父親でもありました。下の子はまだ幼稚園にも行っていないくらいの年齢です。最終的に「家族のため」「子どものため」という目的が見えてきたようで、こんなふうにおっしゃっていました。

「『出世をしたい』『同期に後れをとりたくない』ということにとらわれすぎて、家族のことがすっかり頭から抜けてしまっていました。何のために出世したいのかというところまで思いが至っていなくて……」

しかし、これを機に家族の存在の大切さに気づいたAさん。以降、勉強でも高い集中状態を維持できるようになり、自信を持って昇格試験に臨むことができました。結果、見事に試験をクリア。今では事業部長としての責務を日々全うしているそうです。

「社会的な成功」と「人間的な成功」の違い

ところで、話は変わりますが「成功」という言葉を聞いて、読者の皆さんは何を思い浮かべますか?

「今のチームでレギュラーポジションをとる」
「第一志望の○○大学に合格する」

「出世して社長になる」
「億単位のお金を稼いでのんびりした老後を過ごす」

人それぞれ「成功」のイメージは異なると思います。ただ、ここに挙げた「成功」の例はいずれも地位や肩書き、お金に関するもので、これらは「社会的な成功」です。

しかし、もう一つの大事なことがあります。それは「人間的な成功」です。「人間的な成功」とは何でしょう？ 「社会的な成功」と何が違うのか？ 慶大のB君のケースをもとにお話しします。

「レギュラーになって神宮球場の舞台に立つ」との目標を掲げ、日々の練習に打ち込むB君。しかし、200人もの部員がひしめくチームでは、ベンチ入りすることすら簡単ではありません。B君もなかなか結果が出せず、苦しい思いをしていました。

4年生が引退し、B君を含む3年生を中心とした新チームが発足したとき、最上級生となったB君は岐路に立たされます。

「このままレギュラーを目指し続けていくのか。それとも、レギュラーはあきらめてグラウンド以外に役割を見出すべきなのか……」

私がB君から相談を受けたのは、そんな時期でした。

「今の実力ではレギュラーに入るのは難しい。でもこれ以上どう頑張ったらいいのか。日々悶々としているんです」

「なるほど。そもそもB君はこのチームの中で、どんな部員でありたいの？」

「そうですね……。僕がプレーをすることで、一生懸命練習すれば人は必ずうまくなるということを伝えたい。後輩や小中学生などに勇気や感動を与えられる、そんな人間でありたいです」

ここでB君が目指す「レギュラーになって活躍する」ことは「社会的な成功」です。

そして、対話を通じて出てきた「後輩や小中学生に勇気や感動を与えられる人間でありたい」が「人間的な成功」です。前者が「なりたい自分」、後者は「ありたい自分」とも言えます。

「では、『レギュラーになって活躍したい』と、『後輩や小中学生に勇気や感動を与えられる人間でありたい』。この2つの目標にあえて順番をつけるとしたら、究極のゴールはどっち？」

しばらく考え込んだ末に、B君は「後者ですね」と答えました。

「社会的な成功」は「人間的な成功」を目指すルートの一つにすぎない

このように、一言で「成功」といっても、そこには「社会的な成功（なりたい自分）」と「人間的な成功（ありたい自分）」の2つがあります。そして、より大切なのは後者の「人間的な成功」を明確にイメージすることです。

なぜ「人間的な成功」が大切なのでしょう？

シビアな言い方をすると、「社会的な成功」は、必ずしも全員に約束されているわけではありません。レギュラーの座は同じポジションを争うライバルとの競争によって勝ち取るもの。自分がいくら努力しても、途中で怪我をしてしまうこともあれば、ライバルの方が努力も実力も上回ることもあります。それは自分ではコントロールできないもの。

一方で、もし「レギュラーになりたい」という「社会的な成功」がかなえられなかったとしても、「後輩や小中学生に勇気や感動を与えられる人間でありたい」という「人間的な成功」は、別のルートからでも目指すことができます。

つまり、**「社会的な成功」は、「人間的な成功」という最終的なゴールを目指す、そのルート上にある通過点の一つにすぎません。**山の頂上に至るにはさまざまな行き方があるように、たとえレギュラーになれなかったとしても、別の「社会的な成功」を見つけて、最終的に「人間的な成功」をゲットすればよいわけです。

B君のエピソードに話を戻します。

「チームが日本一になるためなら、自分に貢献できること、必要とされることはなんでもやろう」「後輩や小中学生に勇気や感動を与えられる人間でありたい」などの「人間的な成功」のゴールを見出したB君。

彼が出した結論は、レギュラーを目指す目標は断念し、「裏方」としてチームをサポートし、チームの日本一に貢献する道でした。そして、1、2年生の下級生主体のチームを統括・指導する新人チーフコーチという役職に立候補し、就任します。

新人チーフコーチとしてのB君に与えられたミッションは、1、2年生の能力レベルを上げ、彼らを中心としたチームで戦う東京六大学野球・フレッシュトーナメントでの戦績を上げることです。

甲子園で活躍した選手が数多く集う他大学と比べて、慶大にはスポーツ推薦の入試制度はありません。したがって、高校時代の実力が反映されやすいフレッシュトーナメントでは常に不利な状況にあり、B君が就任する前年は東京大学にもコールド負けを喫し最下位に沈みました。

ところが、B君が新人チーフコーチに就任したシーズンは、春季フレッシュトーナメントで2位。秋季ではなんと優勝を果たしたのです。新人チーフコーチとしての役割を全うし、チーム力の底上げに大きく貢献したB君。その後、私のLINEに次のようなうれしい報告が届きました。

「ありがとうございます！　吉岡さんには選手時代からお世話になりました。選手として腐りそうだった時に、支えていただいたことが今の自分に繫がっていると思います。選手として上手くいかなかった経験を、いい形で昇華することができ、結果的にチームも日本一に手が届きました。今回の結果は吉岡さんの力なくしてなし得なかったことです。本当に感謝しております。引き続き、後輩の指導の方も担当していただけたら幸いです」

自分の中で「人間的な成功」のイメージを明確に描いて行動し続けたからこそ、B君は野球部の中で新人監督の任務と責務を全うし、日本一のチームに貢献することができたのだと思います。それだけでなく、第一志望の企業への内定という素晴らしい「社会的な成功」をも手にすることができたのです。

「人間的な成功」とはゴールのない「究極の目標」

社会的な成功（なりたい自分）をかなえると、人から「おめでとう」と言われます。

対して、人間的な成功（ありたい自分）をかなえると、人から「ありがとう」と言われます。

この「おめでとう」と「ありがとう」の両方の言葉をかけてもらえることが、本当の意味での「成功」、真の成功です。

社会的な成功は、ライフステージに合わせて変化していきます。たとえば、高校生の頃は「野球部でレギュラーになりたい」、社会人になったら「仕事のできる社員になりたい」、キャリアを積んだ30代、40代になったら「これだけの年収を稼げるようになりたい」など……。これらの社会的な成功は、達成した時点がゴールで、そこで目標としての役割を終えます。

しかし、人間的な成功にはゴールがありません。高校、大学、社会人1年目、10年目、20年目、定年……人生が続くかぎり、人間的な成功は常に目指し続けるべき「究極の目標」なのです。

その人間的な成功のイメージを描くうえでも、「自分のために」だけでなく「誰かのために」の要素が欠かせません。両親のため、一緒に切磋琢磨したチームメイトのため、恩師のため。もっと大きく言うと、社会のため――。「誰かを喜ばせたい」という思いが「人間的な成功」のビジョンを明確に、揺るぎないものにしてくれます。

たとえ、「社会的な成功」をかなえられなかったとしても、「人間的な成功」が明確であれば、絶望せずにまた別の「社会的な成功」の目標を見つけられるようになります。

「ワクワクする目標」が描けない人は小さな「ありがとう」を積み重ねてみよう

ここまで、目標や目的のイメージを描くことの大切さについてお話ししてきました。

一方、メンタルサポートで多くの人と関わっていると、中には次のような悩みを打ち明ける人もいます。

「私はこれまでの人生でうまくいったことがありません。だから、目標を設定することが大切だと言われても、掲げられません」

このように、自分をなかなか肯定できない人にとっては「ワクワクする目標」と言われてもイメージが浮かばないのは仕方のないことです。

そんな人に対しては、私は次のように尋ねるようにしています。

「どんな小さなことでもかまわないので、今まであなたが人と関わることによって、『ありがとう』と言われたこと、それはどのようなことですか？」

どんな人でも人生において「ありがとう」と言われた経験はあるものです。

「そういえば、小さいときにお母さんの料理の手伝いをして『ありがとう』と言われたことがあります」

「そのときって、どういう気持ちになったか覚えていますか？」

「うれしかったです」

「うれしいですよね。今でも、人から『ありがとう』と言われるとどうですか？」

「はい、うれしいと思います」

「じゃあ、ちょっとしたことでもかまわないので、あなたが何かをすることによって『ありがとう』と言われることって、どのようなことがありますか？」

「あ、〇〇があります」

「じゃあ、それをやってみましょう」

「ありがとう」の一つひとつは小さなステップにすぎません。それでも、どのようなことをしたら、そう言ってもらえたのかを思い出し、改めて「ありがとう」と言われるような行動をしていると、だんだんと自分に自信が生まれてきます。そして、「もう少し大きな目標を掲げてみよう」という思いが芽生えてくるものです。

自分のための目標を見出すことが難しくても、他人の役に立ちたい、喜んでもらいたいという本能は誰しもが持ち合わせています。その気持ちを過去の経験から思い起こし、実行することで気持ちが前向きになり、少しずつ目指す方向が見えてくるのです。

「ワクワクする目標」のイメージがわかないときは無理せず、小さな「ありがとう」を積み重ねながら、目標を少しずつ大きくしていきましょう。

第3章 大きな夢は「スモールステップ」でかなえる

私たちの脳は「大きな変化」を好まない

塾高野球部は、２０２３年春の第95回選抜高等学校野球大会で仙台育英高校と対戦し、１－２で惜しくも敗れました。その経験から、彼らは前年夏の甲子園の覇者・仙台育英との間に、さまざまな面で実力差を痛感したといいます。それは同時に、「日本一」という目標と、現状とのギャップを体感し、チームとして何が不足しているのかを認識する機会でもありました。

この敗戦をふまえ、塾高の選手たちは、「日本一」という目標に向け、「心・技・体」という３つのカテゴリーにおいて、何を、どのようなスケジュールで、どのレベルまで上げていく必要があるのかを細かく設定していきました。

ここでのポイントは、やるべきことを極限まで細分化したことです。**私たちの脳には「大きな変化を好まない」という特徴があります。**それまでとまったく違うことを急に行おうとすると、それだけで大きな負荷がかかり、脳が拒絶反応を起こしてしまいます。

一般的に、脳が消費するエネルギーは1日あたり350〜450キロカロリーと言われており、これは人間が1日に消費するカロリーの20〜25%を占めています。脳は体の中でもかなりのエネルギーを使っているので、消費エネルギーを極力抑えるために大きな負荷を避けようとするのです。だからこそ、まずは**「小さな変化＝スモールステップ」**を積み重ねていくことが重要です。

設定する目標は、壮大なものでかまいません。人に言うと、笑われてしまうようなものでも大丈夫です。でも、その目標を実現するためには、やるべきことをとことん細分化して実行する——つまり、**脳が拒絶反応を示さないようにスモールステップを刻む必要があるわけです。**

また、スモールステップを着実に刻んでいくと、自信がついていきます。そして、もっと続けてみようという気持ちが生まれ、さらに自信がついてくる。そうして、行動意欲と行動力がますます高まり、加速度的に目標実現に近づいていけるのです。

目標をスモールステップに分解する

このスモールステップを、ダイエットを例にとってお話ししてみたいと思います。

主婦のCさん。ダイエットに何度か挑戦するもなかなか成功できずに悩んでいました。話を聞くと、一度は過度な食事制限で減量したものの、あっという間にリバウンドし、長続きしなかったといいます。

「半年後までに、どうしても15キロ減らしたいんです」

Cさんは、自身の目標をはっきりと口にしました。

「半年で15キロ減」という目標は具体的ですし、達成しようという意欲もあります。ただ、「15キロ」という数字はかなり高いハードルです。

「15キロ減らしたいという目標は理解しました。そのためにどんなことが必要だと思うか、細かく考えてみませんか？」

私はCさんに、そのように提案し、やるべきことの細分化を促しました。

多くのメディアで紹介されているのでご存じの方も多いと思いますが、ロサンゼルス・ドジャースの大谷翔平選手も、実は高校時代に同じようなことをしていました。

大谷選手の場合は「ドラ1・8球団」（※プロ野球のドラフト会議で12球団中8球団から1位指名を受ける、の意）の目標を掲げ、そのために必要な要素として「体づくり」「メンタル」「人間性」「運」などを挙げ、さらに個々の行動へと落とし込んでいきました。その後、ピッチャーとバッターの「二刀流」で驚異の活躍を遂げ、世界的アスリートとなった大谷選手ですが、彼がやるべきことを見出した原点はこの高校時代にあるといってもよいでしょう。

ここでのポイントは、具体的な行動をとにかく細かく分けることです。**「体を動かす」といった漠然とした定性的なものではなく、「1日1万歩以上歩く」「スクワットを1日3セット行う」といった、できるかぎり定量的なもの、そしてすぐ行動に落とし込めるレベルにまで細分化することが重要**です。

「これをやりたい」「こうなりたい」という目標を持っていても、その実現のために「やるべきこと」を細分化できている人は、決して多くありません。また、行動が伴わないかぎり、いくらワクワクする目標を掲げても、いつまでも実現はできません。

まず「やるべきこと」を認識するのが、目標の実現に向けた第一歩。さらに、そのための細かいスケジュールまで整理できれば、その時点で目標の実現に向けた大きな一歩を踏み出したとも言えるのです。

「やるべきこと」がわかると脳は行動しやすくなる

Cさんも、「半年後に15キロ減」という目標に対して「ごはんをお茶碗半分に減らす」「1日に8千歩以上歩く」といった、達成状況が判断しやすい定量的な行動内容を明確にしました。次に、6カ月という期間でどのように進めていくのか、スケジュールもできるだけ具体的に考えてもらいました。これによってCさんが日々行うことがだいぶクリアになったわけです。

私たちの脳には、「やるべきこと」が理解できると行動しやすくなるという特徴があります。ですから、成功を摑むうえでは「やるべきこと」を明確にする必要があるのです。ただ漫然と「やりたい」と思っているだけだと、脳は具体的に何を行えばよいのかを把握できません。けれども、「やるべきこと」を細かくリストアップすると、「これを着実に進めていけば目標にたどり着ける」と理解できるわけです。

また、「やるべきこと」を日々実行していく過程においては、必ずしもスケジュールどおりに進まないことも起こりえます。「仕事が忙しくて、ちょっとこの3日間、時間がなかった」とか「体調を崩してしまい、この部分がまったくできなかった」など。でも、自分でスケジュールを考えて進捗状況をチェックしていれば、「あ、この項目が遅れているから、この分を今週中に取り戻そう」などと、リカバリーしやすくなるのです。

スモールステップを日々、積み重ねていくことには別のメリットもあります。

いわゆる小さな成功というか、自分がきちんとできていることがわかると自信がつき、脳からやる気ホルモンと称される「ドーパミン」の分泌が促されます。ドーパミンは神経伝達物質の一つで、分泌されることで人は快感や多幸感を得ることができます。また、運動や学習に取り組む意欲も高まります。

そうすると、「よし、もう少し続けてみよう」という前向きな気持ちが生まれ、やりがいや、絶対に目標を達成しようといった気持ちが高まり、行動力もどんどん高まっていくのです。

「腕立て伏せを1日1回」くらいの低いハードルでかまわない

小さな成功を生む行動のハードルは、結論から言うと「こんなに低くていいの？」と思えるほど低いものでもかまいません。

初めから高いハードルを設けた場合、できない日が続いたりすると「もうダメだ、あきらめよう」と挫折に繋がりやすくなってしまいます。越えられずに挫折するよりは、焦らず、スモールステップを心がけましょう。

『小さな習慣』（スティーヴン・ガイズ 著・田口未和 訳／ダイヤモンド社）には、どう頑張っても筋トレが長続きしなかった著者が「1日1回の腕立て伏せ」のチャレンジを続けたところ、気づいたら「1日30分の筋トレ」に発展していた、というエピソードが紹介されています。

「私にとって30分もの運動は、とてつもなく大きな挑戦（エベレスト）に思えるということでした。だとすれば、……（中略）汗をかきながら不快な思いをして30

分の筋トレをする代わりに、腕立て伏せを1回だけするのはどうだろう？　それ以上を自分に強いることなく、とにかく1回だけ腕立て伏せをすることを目標にしてみては？　それこそが私にとって、本当の意味での30分の運動の反対といえるものでした」

「（中略）簡単すぎるくらいの目標を目の前にぶら下げて少しずつ先に進むのです。すると、無事にその目標をクリアできるだけでなく、それ以上こなせることもありました。挑戦する目標を立ててそれを達成するというのは、どんなに小さな目標でも気分がいいものです。終わってみると20分運動を続けていたことに気づき、自分が誇らしく思えてきました」

1日1回の腕立て伏せでいいの？　と拍子抜けするかもしれません。でも、1回やってみると「いや、少し物足りないので3回はできるかな」「今日は10回に挑戦してみようかな」と欲がわいてくるものです。これが初めから「1日10回の腕立て伏せ」なら、3回しかできなかった日は未達成となるので落ち込むことでしょう。でも、1回が目標なら、3回は文句なしの合格です。また、就寝時に「あれ？　今日は腕立て伏せを1回もしてないぞ」と気づいたら「でも、1回だからしておこうか」と布団を出て腕立て伏せをすることもできます。このようにスモールステップを続けることに意味があるのです。

続けていくうちに「習慣」に変わる

さて、「半年で15キロ減」のダイエット目標を掲げたCさんの話に戻りましょう。

Cさんがやるべきこととして細分化した行動項目に対して、私からは細かいアドバイスはせず、Cさんには「一日一日、ご自身がやろうと決めた行動をちゃんと実行できたかどうかだけを確認してみてください」と伝えました。

Cさん自身、「1日に8千歩以上歩く」「ごはんをお茶碗半分にする」といった行動項目やスケジュールを立てた当初は「1週間続けられるかな」と不安を抱いていたそうですが、実際に「1日できた」「2日できた」と毎日振り返り、1週間達成する頃には「もう1週間やってみようかな」という意欲が生まれ、次の1週間も予定どおり達成。また次の1週間も……と、順調に続いていきました。

そのうち、Cさんの中にある「変化」が起こったといいます。

「続けていくと、その行動が一日の『当たり前』になって、以前のように『ごはんは一膳食べたい』『おやつを食べたい』という気があまり起こらなくなったんです」

ここに、**スモールステップがもたらすもう一つの効果があります。続けていくうちに「習慣化」されるということです。**

先ほど「脳は大きな変化を好まない」と言いましたが、初めから大きなハードルを設定すると、習慣化に至るのはなかなか難しいものです。Cさんが立てた「やるべきこと」はいずれも、それまでの生活とのギャップが小さかったからこそ無理なく続けられ、日々の生活習慣として溶け込んでいったのです。

ここまでくると、もはや言うまでもないかもしれませんが、スケジュールに沿って毎日コツコツと行動し続けたCさんは、「半年までに15キロ減」という大きな目標を〝ほぼ〟達成することができました。

〝ほぼ〟という言い方をしたのは、最終的にCさんは12キロのダイエットに成功した時点で、本人なりに納得してOKを出したのです。

というのも、Cさんにとってダイエットの目的は「健康のため」だったからです。実際に、スモールステップを積み重ねる中で、Cさんの体は筋肉量が増え、体脂肪率が大きく減りました。筋肉は脂肪より少し重いので、筋肉量が増えると体重も増えます。結果、「15キロ減」という数字にはたどり着かなかったのですが「健康的に痩せることができた」という大きな達成感をCさんは得ることができたのです。

第2章の復習になりますが、このように、目標だけでなく「何のためにダイエットをしているのか？」という目的を明確にすることで、形式的な数字にとらわれすぎずに、自らの成果に対して納得感を得ることができるわけです。

目標を達成した後、しばらく経ってからCさんにフォローアップで話を聞いてみると、彼女は「その後も同じ生活をずっと続けています」と明るく答えてくれました。

「習慣になったら苦しくも何ともなくて。普通にできることをずっとやっているだけなので、減量を意識すらしなくなりましたね」

「楽しい！」と思えることしか続かない

ここまで、Cさんのダイエットのケースを紹介しながら、目標を細分化して、スモールステップを積み重ねていくことの大切さについてお話ししてきました。

ダイエットにかぎらずスポーツ、受験や資格試験の勉強、禁煙など、この方法はあらゆる目標達成のメソッドとして効果を発揮します。続けていくうちに習慣化されれば、Cさんのように意識せずとも「やるべきこと」を日々実行できるようになり、気づかないうちにゴールにたどり着くことができます。

この章の最後に、目標に向かってスモールステップを積み重ねるうえでの、シンプルだけれど大切なことを一つ付け加えておきます。

それは、**「『楽しい！』と思えることしか続かない」**ということです。

日々の行動に取り組む過程で、「○○しなければ……」という気持ちが強くなりすぎると、そこに義務感が生まれ、過度なプレッシャーがかかってしまいます。

そうすると、心がネガティブな状態となり、行動意欲と行動力を下げてしまいます。

たとえば、読者の方の中には「英語を話せるようになりたい」と英会話教室に通い、ＴＯＥＩＣのスコアを上げようと勉強に取り組んでいる方もいると思います。勉強を始めたばかりのときは気持ちもフレッシュで勉強にも身が入りますが、時間が経過するたびに「別に日常生活や仕事で使うわけではないし……」と、意欲がだんだんと下がってしまうことも多いのではないでしょうか。

では、英語ができるようになったら、どんな「楽しい」ことがあるでしょう？

海外のニュースからより多くの情報が収集でき、仕事に役立つ。

海外ドラマや映画を、日本語の吹き替えや字幕に頼らず楽しむことができる。
外国の人と自由にコミュニケーションをとれるようになり、友達が増える。

「英語を話せるに越したことはないかな」くらいのモチベーションでは、あまりワクワクできません。どんな些細なことでもいいので「こんな自分になれたら楽しい生活が待っているかも」と心から思えるものを見つけてみましょう。理想のイメージを描くことが難しければ、「日常会話ができて外国人観光客の方を助けられたらいいかも」のような身近なレベルで考えてみるのも一つの方法です。

目標に向かう道のりは、単調な繰り返しの連続です。だからこそ、「これができるようになったら日頃の生活が変わるかも」「こんな自分になれたら毎日が楽しいかも」と、未来の自分の姿を想像してワクワクしながら過程を楽しむことが大切なのです。そんなふうに楽しんでいると、気がついたときには英語をスラスラ話せている自分が待っているはずです。

第4章 苦しい時に絶大な効果を発揮する「魔法のポーズ」

困難に直面したときこそ意識的に「プラスの出力」を行う

掲げた目標が壮大なものであればあるほど、そこに向かって歩む道のりにはさまざまな困難が待ち受けます。思うような結果が出なくて焦ったり、試合で窮地に陥ったり、強力なライバルの出現に落ち込んだり……そんな苦難の場面に直面すると、私たちは、無意識のうちに弱気になって、ついネガティブな言葉を口にしてしまうものです。


「だめだ！」

「どうしよう……」

「なんで自分ばっかり……」

ネガティブな言葉が、自分の耳からそのまま脳に届けられると、これらの言葉に紐づいて記憶されている過去の失敗や、つらく苦しい出来事などが呼び起こされてしまいます。そして、心の状態がネガティブになり、本来の力を発揮できない状況を自らつくり出してしまうことになるのです。

このように、人は困難に直面すると、目標や目的を見失うことがあります。また、ピンチを乗り越えたときや物事が順調なときも、油断や気のゆるみが生じて、パフォーマンスが発揮しづらくなることがあるので注意が必要です。

本章では、そのような状況を乗り越えるためのメソッドについて詳しく紹介していきます。

感情のスイッチをプラスに入れる「魔法のポーズ」

２０２３年夏の甲子園の決勝戦。１回表、塾高の１番バッター丸田選手は、いきなり先頭打者本塁打を放ちました。そして、１塁ベースを駆け抜け、打球が右翼席に入ったのを見届けると、右手の親指と人さし指、中指の３本を広げ、空に向けて高々と突き出しました。喜びにわくベンチの選手たちも立ち上がり、同じポーズを行っていました。

この独特のポーズは、全国の野球ファンの間で大きな話題となりました。

「あの、慶應の『３本指』のポーズはいったい何だ？」

これは、脳を最高の状態に導くための「魔法のポーズ」です。このポーズを行うことで、脳に自分たちが掲げた目標と目的を呼び起こし、それらをなんとしてでも達成しようとする強い意欲を高めることができます。

塾高の選手たちは、神奈川県大会も含めたすべての試合で、仲間がヒットを打ったときや良いプレーをしたときなどに、この「3本指」のポーズを行っていました。そして、ピンチの場面で選手たちがマウンド上に集まったときにも行っていました。

この「3本指」のポーズに魔法をかけるために、彼らは日頃から、**このポーズに目標と目的を結びつける作業を繰り返していました。**彼らの目標は「KEIO日本一！」、目的は「恩返し&常識を覆す」です。たとえば、彼らは練習前に必ず、この「3本指」のポーズを示しながら、目標と目的、スローガンを唱和していました。また、学校でチームメイトに会ったときにも、「おはよう」のあいさつとともにこのポーズを出していたようです。

第1章でもお話ししたように、動作や表情は言葉以上に、感情に強い影響をおよぼします。ピンチの場面をはじめ、〝ここぞ！〟というときに、プラスの感情を呼び起こすポーズをアウトプットすることで、高いパフォーマンスを出せるようになるのです。

そして、目標や目的とリンクしているポーズだからこそ、苦しい局面で行うことで、「自分たちは目標や目的を実現するために今この一瞬を頑張っているんだ」、「このくらいのことでくじけてはいられない」と、自分たちにハッパをかける効果もあるのです。

「魔法のポーズ」は、どんなものでもかまいません。ちなみに、塾高の「3本指」のポーズは、選手たちが尊敬する野球部OBの大学生の学生コーチが、数字を数えるときに親指、人さし指、中指の順に出していたしぐさが由来だそうです。

うれしいとき、楽しいとき、感動したとき、お風呂に入って気分が良いときなど、どんなときでもかまいません。**何か良いことがあったときに、必ずそのポーズを行うように心がけてみるのです。**

授業中に先生に指されてうまく答えられたら、机の下でこっそりとポーズをとるのもよいでしょう。習慣づけることで、「このポーズを行ったときは良い状態なんだ」と脳が認識し、そのポーズとプラスの感情やイメージとが結びつくようになるのです。

そうなったら、もうしめたもの。気持ちが乗らないときや落ち込んでいるときなどでも、このポーズを行うことで心の状態をポジティブに変えられるようになるのです。

ポーズだけでなくキーワードも有効

中には、動作よりも言葉に強い影響を受けるという人もいるでしょう。

そのような場合には、自分を勇気づけ、目標や目的を想起させるキーワードを唱えることも有効です。

メンタルサポートをした小学6年生のD君。将来の夢をかなえる第一歩として、超難関と言われる私立中学校の受験を自ら決意しました。

両親から言われたのではなく、自らの意思で「受験したい」と決めたのは立派なことです。ただ、いざ受験勉強を始めてみると、成績が伸び悩み、高い目標を前にD君はモチベーションを失いかけてしまいました。それを見かねたお母さんが、D君にこう言ったそうです。

「そんなことじゃ合格できないわよ。しっかり勉強しなさい」

その「勉強しなさい」という言葉がD君には引っかかったようで、「それを言われてから、余計にやる気が起きなくて……」と私に打ち明けてくれました。

「そもそも受験は、お父さんやお母さんから勧められたの？」

「いえ、自分から希望しました」

「そうなんだ、D君にお母さんが『勉強しなさい』と言ったのは、どうしてだと思う？」

「ええと、たぶん僕がウダウダしてなかなか机に向かおうとしなかったからじゃないかな……」

「その状態を続けていると、どうなってしまうんだろう？」

「合格できないと思います」

「そうなることはD君の本意？」

「違います」

「ということは、お母さんが『勉強しなさい』と言ったのは、どういうことだと思う？」

「自分のために言ってくれたことだと思います。それは理解できるんです。でも、

『勉強しなさい』って言葉が僕の中ではものすごくイヤで……」

D君との1回目のセッションは、このような会話から始まりました。
私は、次のようにD君に提案してみました。

「じゃあ、どんな言葉をかけてくれていたらイヤにならなかったんだろう？　そんな言葉を探してみようよ」

D君と言葉探しをする中で、最終的に本人が見つけたのが「成長する」という言葉でした。ゲームをしているとき、ぼーっとしていて机に向かえないようなときでも、「勉強しなさい」ではなく「成長しなさい」と言われるのならイヤな気はしない、と彼は言ったのです。

この「成長する」という言葉が、D君にとってモチベーションを高めるキーワードになりました。彼は「日々成長しよう」と自ら筆で書いた紙を、自分の部屋やトイレなど家じゅうのあらゆるところに貼り、その文字を見ては「よし、成長するために今日はこの勉強をしよう」と、自らを鼓舞したのです。

D君の目は輝きを取り戻し、成績も着実に上昇。セッションを開始してから8カ月後、見事に目標としていた中学校に合格したのです。

このように、動作や表情でも、言葉でも、自分の感情をプラスの方向にコントロールする手段に唯一絶対のものはありません。日常生活の中でいろいろ試しながら、あなた自身にとっての「魔法のポーズ」やキーワードを見つけてみてください。

満足感の先に待っている「気のゆるみ」を断ち切るには

高校野球部のエースピッチャーだったE君。3年生の夏の県大会、彼は準々決勝のマウンドに立っていました。

1点差でリードした最終回。E君たちのチームは2アウト、ランナーなしの状況までこぎつけます。

「あと一人。あと一人アウトをとれば準決勝……」

E君の心に、わずかな気のゆるみが生じたのでしょう。その後、後続のバッターに集中打を浴び、まさかの逆転負けを喫してしまったのです。

「あと1アウト」だったのに、自分のふがいない投球で勝利を逃してしまった……大会後にE君と会ったとき、彼はその悪夢のような状況がなぜ起こってしまったのか、理由がわからずに悩み苦しみ、自信を失っていました。

このように、スポーツの世界では、リードしていたチームが「あと一歩」のところで勝利を逃してしまうケースがたびたび見受けられます。ピンチの局面では「よし、この状況を何としても切り抜けるぞ」と集中力が高まり、いいパフォーマンスが発揮できていたのに、危機を脱してホッとした瞬間、別人のようになってしまうことが不思議と起こるものです。

この現象も、脳の特徴によるものです。

私たちの脳には、ひとたび満足感を覚えると、気のゆるみ、油断、妥協、慢心などを起こしやすいという特徴があります。**目の前に立ちはだかる大きな障壁をやっとの思いで乗り越えると、誰しもホッとするものです。すると、その安堵感が満足感を生み、目標を目指そうとする意欲を削いでしまうのです。**いわゆる「燃え尽き症候群（バーンアウト）」と呼ばれる現象が起こりやすくなります。

また、大きな障壁をなかなか越せない状況が続くと、「もうどうでもいいや」とあきらめの気持ちが生まれやすく、目標に向かう気持ちが低下してしまいます。

このような事態を回避するためにも、自分たちを鼓舞し勇気づける言葉をあえて口にし、耳から脳に伝えることで、ゆるみかけた意識を引き締めるためのスイッチを入れ直すことができるのです。

「試合はまだ終わっていない」

「俺たちが目指しているゴールはもっと先だ」

「今こんなところで立ち止まっているわけにはいかない」

「次の○○戦も大いにチャレンジするぞ！」

あと一人アウトをとればよかった場面で、E君がこのような言葉を口にしていたら、心に隙は生まれなかったかもしれません。ただ、E君とセッションしたときには、彼自身、自らを鼓舞する言葉をなかなか見つけられずにいました。そこで、私は次のように聞いてみました。

「チームの仲間や友達を勇気づけるとき、E君ならどんな言葉を口にする？」

仲間や友達に向けた言葉というのは、案外スッと出てくるものです。その言葉を、自分に向けて発するよう習慣づけるのです。第1章でもお話ししたとおり、脳には「人称」（誰が誰に向けて言ったのか）を関知しないという特徴があります。ですから、チームメイトへ向けた言葉であっても、自らを勇気づける言葉として脳が受け取ってくれるのです。

県大会での敗戦のショックを長く引きずっていたE君でしたが、セッションを重ねるにつれて、自分自身を勇気づけるベストな言葉を見出し、自信を取り戻すことができました。高校卒業を機に野球選手としてはピリオドを打ったそうですが、野球で得た経験を糧に、新たなフィールドで力強く人生を歩んでいることでしょう。

「○○しなければ」は自分にプレッシャーをかけてしまう言葉

全国屈指のラグビー強豪校に進学したF君。中学生の頃には関東地区の選抜メンバーになり、全国にもその名前が知られるほどの選手でした。

ところが、その高校には全国から優秀な選手がたくさん集まってきます。中学生の頃はレギュラーポジションを確約されていたF君も、これまでと比較にならないほど高いレベルの環境に「ついていけるのだろうか」「自分のレベルはこんなに低いのか」と気持ちがどんどん落ち込み、次第に練習にも身が入らなくなっていきました。そして、高校1年生の夏休みが終わったときには、「気持ちの整理をしたい」と監督に申し出て、しばらくの間休部することになりました。

私がF君のメンタルサポートを引き受けたのは、彼が休部して間もない頃。1回目のセッションで彼の口からしきりに聞かれたのは、同学年でレギュラーポジションを争う「ライバル」の存在でした。

「彼に比べると、自分は何もかもが劣っているように思えてしまうんです。何とか離されないようにと必死に練習するんですが、どうしても力の差を感じてしまって……」

練習自体はきついけれど、体力的についていけないことはない。ただ、同じポジションを争っているライバルも一生懸命頑張っているので、彼との差がどうにも縮まらず焦ってしまう。「もっと頑張らなければいけない」と思うのだけれど、気分が乗らず、練習に集中できない状況に陥っていった……というのがF君の自己分析でした。

結果がなかなか出ないときや、やる気が起きないときに、「勉強や練習をしなければいけない」「集中しなければいけない」などと自分に言い聞かせてしまうことが、私たちにはあります。しかし、「○○しなければ」という思いが強くなりすぎると、自分自身にプレッシャーをかけることになってしまいます。「○○しなければ」と思えば思うほど、かえって脳にストレスを与え、「○○」とは逆の状態をつくってしまうのです。

F君のケースは、その典型的なパターンと言えます。「頑張らなければ」「努力しなければ」と思うことで、脳がプレッシャーを感じ、自分の持っている能力すら十分に発揮できなくなる。パフォーマンスが上がらないから、ますますライバルとの差を感じて、落ち込み、さらにパフォーマンスが低下する……そんな悪循環に陥っていたのです。

F君を見ていると、ネガティブな感情にとらわれるがあまりに、ラグビーを続ける本来の「目的」が本人の頭の中から消えているように感じられました。そこで、まずはその「目的」を思い起こすような問いかけを行いました。

「そもそも、F君にとってラグビーってどんなもの？」

しばし考え込んだF君が導き出した答えは「楽しいもの」でした。

最初に楕円形のボールを触って「面白い形をしているな」と興味を持ったこと。仲間がパスしてくれたボールを自分がうまくキャッチできたときの感動——ラグビーという競技に出会った頃からの記憶をたどり、「自分にとってラグビーは楽しいもの。だから、今日まで続けているんだ」という原点を、F君は再確認することができたようです。

ライバルはたまたま近くにいる「ただの他人」にすぎない

「今は、ラグビーをやっていて楽しい？」

「いえ、今は楽しくありません。ただ……ラグビーそのものは、やっぱり楽しいんです」

「だとしたら、ラグビーの何に対して楽しくないと感じるの？」

「そうですね……。人と比べて、自分の方が劣っていると感じると、楽しさを忘れてしまいます」

F君の口から再び、「ライバル」を意識する言葉が聞かれました。

スポーツ、学業、ビジネスを問わず、互いに競い合うライバルの存在は、自分の成長を促す原動力になります。

一方で、F君が「ライバル」と意識しているその同級生は、たまたま同じポジションで、たまたまチームメイトになったラガーマンの一人にすぎません。近くにいる目に見える存在だからこそ、過剰に意識してしまうのです。

それに、自分がいくら努力をして成長したとしても、そのライバルが自分以上に成長してしまえば、レギュラーを獲得することはかないません。「レギュラーになれるかどうか」は相対的な要素で決まるもので、自分にはコントロールできないこと。そこに一喜一憂して「楽しいからラグビーをしている」という本来の目的を見失ってしまうのは、F君自身にとって大変もったいないことです。

私は、Ｆ君に次のような言葉をかけました。

「ラグビーそのものは『楽しい』ということなら、ラグビーをもっと楽しめる方向に意識を向けてみたらどう？」

自分でコントロールできることに意識を向ければ、余計なことを意識して煩わされることもなくなります。

そのことを、セッションを通じてＦ君も認識できるようになり、表情がだんだん明るくなっていきました。

目の前のライバルに勝つよりも、はるかに高い目標を掲げてみる

ラグビーをより一層楽しむことについて考えたF君は、目を輝かせながら次のように答えてくれました。

「高校生活をかけてラグビーに打ち込むんだから、『同級生ライバルとの競争に勝ってレギュラーになる』ではなく、『このポジションで全国ナンバーワンの選手になる』の方が俄然やりがいはあるし、楽しめると思います」

「チーム内でレギュラーポジションをとる」という目標を掲げることは決して悪いことではありません。ただ、その目標が実現できそうになると、気のゆるみや油断が生じてしまう可能性があります。

最終的に、F君は、次のような目標を掲げたのです。

「僕は、ラグビー選手の中では決して体が大きい方ではありません。その僕が高校ラグビー界の中で第一人者になることで、同じように体の小さな子どもたちが『自分でも頑張ればできるんだ』と思ってくれるような、勇気を与えられる存在になります」

私とのセッションを開始してから2カ月後、F君はラグビー部に復帰。それまでとは人が変わったようなファイトを見せ、監督やチームメイトから「おまえ、2カ月もいなかったのに、よくこれだけ動けるな」と驚かれたそうです。

そして、当初「ライバル」と見なしていた同級生とも、切磋琢磨しながらつらい練習を乗り越えた結果、ポジション替えをしたライバルとともに見事レギュラーになったのです。

全国大会の会場には、フィールドで躍動するF君の姿がありました。

憧れを抱くと「追い越してはいけない」と脳がブレーキをかける

２０２３年に開催された野球の世界大会「ワールド・ベースボール・クラシック（ＷＢＣ）」。日本代表「侍ジャパン」は激戦を勝ち抜き、決勝へとコマを進めました。相手は、メジャーリーガーの中でも屈指のスター選手をそろえた強敵・アメリカです。

大一番を前にしたミーティングで、栗山英樹監督からコメントを促された大谷翔平選手は、「僕からは、１個だけ……」と前置きし、メンバーに対して次のように語りかけました。

「憧れるのをやめましょう。（中略）野球をやっていれば誰しもが聞いたことあるような選手たちがいると思うんですけど。今日1日だけは、憧れてしまったらね、超えられないんで。僕らは今日超えるために、トップになるために来たんで、今日1日だけは、彼らへの憧れを捨てて、勝つことだけ考えていきましょう。さあいこう！」

私たちの脳には、尊敬や憧れを抱いた存在に対して「追いつこう、追い越そう」と頭では考えていても、「追い越してはいけない」とブレーキがかかってしまう特徴があります。大谷選手はその脳の特徴を知っていたからこそ、アメリカとの一戦を前に、チームの皆に、先ほどの言葉をかけたのです。

それは、侍ジャパンが掲げた「世界一」という目標、「夢や元気、勇気を与えるプレーをし、野球の楽しさ、素晴らしさを次世代に伝える」という目的を、決戦前に今一度チーム皆で共有し、チームの士気を高めるのに有効だったと、白井ヘッドコーチも話していました。

結果、日本がアメリカを3対2で下して世界一に輝いたのは周知のとおりです。

「どうしても人と比べてしまう」自分との向き合い方

F君にかぎらず、スポーツや勉強、仕事に取り組む過程で、人と比べて落ち込んだり、羨望や妬みを抱いたりする方はいると思います。はたから見るとつまらない悩みのように思えても、当の本人にとってみれば、人との差に苛まれ、コンプレックスを抱くのはつらいこと。

そのような相談を受けることも多くあるので、気持ちはよく理解できます。

人と比較して悩み、落ち込むこと自体をダメだと言うつもりはありません。むしろ「あの人と比較しないように」「落ち込まないように」と拒絶し、そこから逃れようとすればするほど、ますます「比較する」「落ち込む」方向へと意識が強まってしまいます。

というのは、**私たちの脳には「意識をすればするほど思いを強めてしまう」特徴がある**からです。だから、自分のことを無理に否定しようとはせずに、まずは**「人との比較に悩む、そんな自分もいるんだ」と、ありのままの自分を一旦受け入れてみる**とよいのです。

他人のことはコントロールすることができないので、自分でコントロールできることに意識を向けて専念する。そうすれば、「次に何をしようか、どう行動しようか？」などといった未来志向の建設的な考えが生まれやすくなります。

それでも、人との比較に悩み、マイナスの感情にとらわれてしまう人はいます。そのような人に対して、私は次のように尋ねるようにしています。

「あなたは将来、どうなりたいですか。どんな自分でありたいですか」

第2章でお話しした「社会的な成功（なりたい自分）」と「人間的な成功（ありたい自分）」を明確にし、人生の目標・目的を再確認してもらうのです。

そのうえで、さらに次のように尋ねます。

「では、そのような『ありたい自分』『なりたい自分』を実現するために、今、比較対象として見てしまう人と比べることに、どのような意味があると思いますか？」

すると、大半のケースで「人と比較することは、まったく意味はなさそうですね」という答えが返ってきます。

それでも「どうしても人と比べてしまう」という人には、「自分よりその人の方が優れていると思う点」を具体的にリストアップしてもらいます。同時に、「その人より自分の方が優れていると思う点」も書き出してもらいます。

そうして、それぞれのリストを並べてみると、「え、こんなことで悩んでいたのか」**「確かに劣っている面は多いけれど、こうして見てみると自分が優れている面もあるじゃないか」**など、さまざまな気づきが得られます。そして、自分の目標や目的を思い返しながら「今、この人と比べていることなんて別にどうでもいい。悩んでいるだけ損じゃないか」と気づくことができるのです。

「事実というものは存在しない。存在するのは解釈だけである」

ドイツの哲学者、フリードリッヒ・ニーチェが遺した有名な言葉です。

コップに水が半分入っているのを見て「まだ半分も入っている」と思うか、「もう半分しか残っていない」と思うか。物事自体には何の意味もついていないのに、その物事に対する解釈の仕方次第で、気持ちはプラスにもマイナスにも振れるものです。

人が自分より勝っているように見えても、それはある一つの解釈の仕方にすぎない――そう受け止めることができれば、コンプレックスに思い悩むことなく、自分のできることに意識を向け、目標や目的をまっすぐ見つめることができるのではないでしょうか。

第5章

緊張やプレッシャーも「楽しい!」と思えれば克服できる

「適度な緊張感」はパフォーマンスを最大化するために必要

スポーツの試合中に、足の震えが止まらなくなった。
大事な試験で鉛筆を持つ手が震え、答案用紙に字がうまく書けなくなった。
大事なプレゼンテーションや大人数を前にしたスピーチで、喉がカラカラになって普段どおりの声が出なくなってしまった。

人生の「ここぞ」という勝負どころでの緊張からくる大失敗。読者の方も経験があると思います。大きな目標を掲げて努力している人ほど、このような極度の緊張を強いられる場面にしばしば直面するものです。

大学生のG君も、極度の「あがり症」に悩んでいた一人です。就職活動の面接試験で毎回のように緊張してしまい、上手に話せなかった経験から自信を失っていました。

「緊張しないように、緊張しないようにと自分に言い聞かせているのですが、いざ面接になるとどうしても口が渇いて言葉がもつれたり、顔から汗が出て止まらなくなったり、足の震えが抑えられなくなってしまうんです……」

G君は深刻な表情を浮かべ、私にそう打ち明けました。

一般的には「緊張すること＝悪」のイメージが浸透しています。確かに、過緊張の状態を「あがり」と言い、その状態は心身のリラックスを妨げ、パフォーマンスを低下させてしまいます。

しかし、反対にリラックスしすぎて緊張感がまったくない「さがり」の状態でもパフォーマンスは低下します。仕事などで、指示されたことを仕方なしにこなすような〝やる気のない〟状態は典型的な「さがり」です。

私たちが本来の実力を最大限に発揮するためには、「あがり」でも「さがり」でもない、適度な緊張感は必要なのです。

大事な場面でも、自分の緊張状態を自覚し、適度な状態にコントロールする方法はあります。本章では、その代表的な方法をご紹介します。

「緊張しないようにしよう」は逆に緊張を高めてしまう

G君は「緊張しないように……」と繰り返し唱えていた、と言いましたが、実は「緊張しないようにしよう」と思えば思うほど、逆に緊張を高めてしまいます。

私たちの脳には「否定形（ｎｏｔ）の状態を、即座にイメージすることができない」という特徴があります。「緊張しないようにしよう」と思っても、脳は『緊張しない』状態とは具体的にどのような状態なのか」をすぐにイメージすることができません。そして、「緊張しない」という言葉の中からイメージしやすい「緊張」という部分だけを抜き出し、そのイメージを体で体現しようとするので、ますます緊張を高めてしまうのです。

スポーツでも、野球であれば「エラーしないように」「四球を出さないように」と思うと、否定形の「ｎｏｔ」を引いた「エラー」「四球」という言葉のイメージだけを脳が受け取ってしまいます。エラーや四球が連続して起こりやすいのは、そういった脳の特徴が少なからず影響しているのです。

Ｇ君の場合も、「緊張しないように、緊張しないように」と言い聞かせるあまり、その「緊張」という言葉のイメージが増幅され、さらに過緊張の状態に自分を追い込んでしまっている、その典型的なパターンであることがうかがえました。

では、どうすればよいのでしょう？

それは「○○しないようにしよう」ではなく、具体的にどのような状態になればよいのか、その状態を**肯定的で、かつ断定形の短い言葉に言い換えればよいのです**。「緊張しないようにしよう」を「リラックスする」のように。すると、脳は「リラックスしている」状態をイメージするので、緊張状態から脱しやすくなるというわけです。「ミスしないようにしよう」ではなく「しっかりと守る」。「ゴールを外さないようにしよう」ではなく「右隅にシュートを決める」といった感じです。

このように肯定系の言葉で言い換えるようにしましょう。

ところで、運動部の方は、応援している味方の選手がミスや凡退をしたとき「ドンマイ（Don't mind）！」という言葉をよく口にしていませんか。

実は「ドンマイ」という言葉を聞くと、過去にその言葉を口にしたり耳にした「ミスをしたシーン」が、記憶データの中から呼び起こされてしまうので、励ましているつもりでも、その逆のマイナスの感情とイメージを引き出してしまうのです。

「これからこれから！」「切り替えていこう！」などの言葉の方が声援を受ける

選手にとっても、プラスの感情が高まり、パフォーマンスが発揮しやすくなるので、次に仲間を応援する機会があったら意識してみてください。

自律神経をコントロールできる手法「呼吸」

緊張状態をコントロールするもう一つの方法は「呼吸」です。

人間の体には、血圧や心拍数、体温、消化、排泄など生命維持に必要なあらゆるプロセスを調節している「自律神経」という機能があります。自律神経には、「交感神経」と「副交感神経」があり、互いに相反する役割を担っています。交感神経はアクセル、副交感神経はブレーキの役割を果たし、この2つが協力して働くことで全体の調和、バランスがとれ、心身の健康が保たれるのです。

交感神経は昼間や活動時に、副交感神経は夜間やリラックスしているときに活発になる神経です。この交感神経と副交感神経がシーソーのようにバランスをとりあいながら、体内のあらゆる機能をコントロールしています。

過度の緊張状態になると、交感神経の働きが優勢になり、体が震える、顔が赤くなる、呼吸が早くなる、心拍が高まる、汗をかくなどの反応が体に表れます。このようなとき、気づかないうちに呼吸が浅くなり、吸う息の量に対して吐く量が少ない状態になっています。それによって心拍数が上がり、緊張度合いがさらに高まってしまうのです。

自律神経の働きは、私たちの意思ではコントロールすることができないと言われていますが、実は呼吸と自律神経には深い関係性があることがわかっています。

呼吸は、私たちが意識をして、スピードや量を調節することができます。つまり、**私たちは、呼吸を通じて、自分の意思を自律神経に対して働きかけることができるというわけです。**

緊張を感じたときには、息を「吐く」ことに意識を向け、細く長く吐いてみましょう。そうすることで副交感神経の働きが優位になり、緊張状態を脱することができるのです。

たとえば、息を吸うときにお腹を膨らませ、吐くときにお腹をへこませる「腹式呼吸」を行うと、横隔膜が上下動して、副交感神経が優位なリラックス状態をつくることができます。

「あがり症」だったG君の話に戻ると、プラスの言葉の出力や腹式呼吸法などの対策法を学び、日頃から緊張時に実践することを習慣化してみたところ、腹式呼吸が本人にとって最も心を落ち着かせる方法であることがわかりました。呼吸のスピード、呼吸量など、腹式呼吸を行うタイミングも含めて試し、対処法を極めたことで、あがり症を見事に克服し、大事な面接にも自信を持って臨めるようになったそうです。

「一点を見つめる」ことで自分から意識をそらす

緊張状態をコントロールする方法は、まだあります。

その方法の一つが、一点を見つめる「一点凝視法」と呼ばれる手法です。

私たちは不安を抱えたり、緊張をしたりすると、目線が微細に揺れるそうです。

そうなったときは**目線を固定することで、脳にリラックスした状態だという信号を送ることができます。**

たとえば、面接試験時に、ひどく緊張したとしましょう。そのときに、正面に座っている面接官が着ているスーツのボタン、あるいは眼鏡の中心部分などを3秒ほどじっと見つめてみます。すると、目線の揺れが止まるので、脳はリラックス状態だと認識し、緊張状態から解放されるわけです。

この一点凝視法は、見方を変えると、「自分」に向いていた意識をそらすことと言えます。**緊張や不安を抱えている状態というのは、意識が「自分」に向いています。自分に向いているからこそ緊張を感じるわけです。よって、その意識を「自分」からそらせば緊張感から逃れることができるわけです。**

塾高の選手たちも、2023年夏の甲子園で、意識を「自分」からそらすことを実践していました。

3回戦の広陵高校（広島県）戦。大会屈指の強豪校との対戦は、3対3のまま9回が終了し、延長戦に突入しました。タイブレークに入った初回、10回表に3点を奪い、6対3と勝ち越した塾高ですが、その裏に二死満塁の大ピンチを迎えます。ホームランが出れば逆転サヨナラ。不安と緊張が高まる場面です。

そのとき、伝令役の安達英輝選手がマウンドに向かい、グラウンドの選手たちにこう呼びかけました。

「みんなで青空、見上げてみようぜ！」

再び守備位置についた塾高ナインは、見事に次のバッターを打ち取り、広陵との大接戦を制しました。

ピンチを迎えた状態では、誰もが「何とかしなければと……」と内面に意識を向けがちになります。安達選手の一言が、その意識を「青空＝自分の外」へと開放し、気持ちを落ち着かせる役割を果たしたのです。

かつてこの一点凝視法を採り入れていたのが、１９８０年代から90年代にかけてプロ野球・読売ジャイアンツのエースの一人として活躍した桑田真澄さんです。

桑田さんは現役時代、ピンチを迎えたとき、マウンド上でボールを手にとって見つめブツブツつぶやいていました。試合中にその様子を見せ、勝ち投手となった翌日のスポーツ誌には「桑田、またブツブツ投法」などといった見出しとともに、そのシーンの写真が載ったものです。

実はそのとき、**桑田さんはボールの縫い目を見つめながら自分の気持ちを高める言葉を発していたそうです。**それによって「今、自分は不安じゃない」という信号を脳に送り、自分の緊張状態をコントロールしていたのです。

悪習慣を断ち切るのにも有効な「スモールステップ」

ところで、スポーツ、試験勉強、ダイエットなど、目標に向かって努力する過程では、誘惑に負けてしまいそうな場面が度々訪れるものです。私たちの身の回りには、ゲーム、スマートフォン、マンガ、アニメなど、誘惑をもたらすさまざまなものがあふれています。「気がついたら、スマホでSNSを見ていた」「マンガを読み始めたら止まらなくなった」といった経験は誰しもあることでしょう。これらも過度な緊張感と同様に、目標達成を遠ざける障壁と言えます。

中学校のサッカー部に所属するH君も、その誘惑に負けそうになっていた一人でした。菓子パンやアイス、ジュースが大好きで、親から注意されてもなかなかやめられません。加えてスマートフォンでのネットサーフィンもやめられず、生活が不規則になりがちでした。

「今はサッカーに集中しなければいけないから、お菓子やジュースは控えよう」と頭ではわかっていながら、やめられない。それは、決してH君の精神力が弱いからではありません。

私たちの脳には、「理屈」よりも「感情」に強い影響を受ける特徴があります。したがって、自分が「したい」と思う感情が、「控えよう」という理屈を上回ってしまうのは致し方ないことです。

では、どのようにしたら誘惑を断ち切ることができるでしょうか？　ここでも「スモールステップ」が有効です。

第3章でもお話ししたように、脳は大きな変化を好まずに避けようとします。しかし、小さな変化については受け入れてくれやすいので、**悪い習慣もスモールステップを刻みながら少しずつ改善していくのが効果的です。**

H君のケースで言うと、練習が終わって帰宅するまでの間に、コンビニに立ち寄って菓子パンと炭酸入りのジュースを買っていました。その量を「10」と仮定すると、「10」をいきなり「ゼロ」にするのではなく、まずは「8」にしてみる。ジュースも、今まで大瓶まるまる1本飲んでいたのを、小瓶にしてみました。

あわせて、自分で決めたことが達成できたときに「自分はすごい」「やるべきことができている」と、ポジティブな言葉を口にする「プラスの出力」を習慣づけました。

当初、H君にその「スモールステップ」の提案をしてみたとき、彼は半信半疑でした。

「今すぐにでも、悪習慣を断ちたいのに、段階的に少しずつ減らすって、本当に効果があるんだろうか。そんなことで達成できるのなら苦労しないんじゃ……」

でも、「10」をいきなり「ゼロ」にしてしまうと、これまで得られていた満足感が急になくなってしまいますが、「10」が「8」になっても得られる満足感は意外と変わりません。「8」を「5」にしてみても、あまり変わらない。でも、気づいたら「10」が「5」と半分まで減っていることになります。

この「スモールステップ」と「プラスの出力」を組み合わせて、H君は菓子パンとジュースの悪習慣を少しずつ改善することに取り組みました。練習が終わってコンビニに立ち寄ったときも、買う前にガッツポーズ（彼にとっての「魔法のポーズ」）をしていました。そうすることで、「あ、自分は今、サッカーのためにジュースを控えているんだ」と、脳に目標と目的を思い起こさせることができ、ジュースではなくミネラルウォーターを手にとるなどと少しずつ行動が変わっていきました。

悪習慣を改善するためにあえて「マイナスの出力」をする

もう一つの悪習慣であるスマートフォンでのネットサーフィンを断ち切るため、H君はこんな言い回しも考えました。

「スマホを見るのは『幼稚な遊び』だ」

「スマホ」に対して、あえて「幼稚な遊び」というネガティブなイメージを想起させる言葉を紐づけました。そして、頻繁に目に入るスマートフォンの待ち受け画面に、「幼稚な遊び」という文字を表示させるようにしたのです。

これまでは、プラスの感情を呼び起こす言葉や動作・表情の「プラスの出力」についてお話ししてきましたが、**悪い習慣を断ち切るためには、あえてマイナスの言葉を発する「マイナスの出力」が有効なこともあります。**

第3章で紹介した、15キロのダイエットにチャレンジしたCさんも、この「マイナスの出力」を活用しました。彼女は特にケーキが好物だったので、「ケーキ」に「脂肪」というマイナスの言葉を結びつけ、**「ケーキ＝脂肪」と唱えるようにしました。**そのことで、デパ地下などでケーキを見ても「私は脂肪を食べちゃうの？　それはやめた方がいいよね」と思いとどまることができたそうです。

お菓子類に対しては「スモールステップ」、ネットサーフィンに対しては「マイナスの出力」と、２つのアプローチ法で悪習慣の改善に取り組んだH君。その結果、何度トライしても挫折していたお菓子やスマホ断ちに見事に成功しました。自らが掲げた目標を実現できたことで自分に自信が持てるようになり、サッカーだけでなく学校の成績も上昇。地域の進学校に合格することができたそうです。

第6章

「明るいチーム」は
コミュニケーションから生まれる

成果を挙げるチームや組織に共通する「明るさ」とは

ここまでは、私たちの脳の仕組みや、心の状態をいかにコントロールするか、目標を達成するための秘訣「スモールステップ」、緊張状態を調整するためのメソッドについてお話ししてきました。前章までお話ししてきたさまざまなメソッドをベースに、本章では「個人」から「チーム」へと視点を移して、メンバー間でのコミュニケーションにおけるポイントを紹介していきます。

どんな状況でも心の状態を良いバランスに保ち、目標を見失わずに行動することができる、そんな個人が集まったのが本書で言う「明るいチーム」です。

序章でもお話しした「明るいチーム」に見られる特徴を、再度ご紹介します。

●個々のメンバーが、チームにおける自分の役割・立場を自覚し、指示を待つことなく自ら考え、主体的に行動している。

●メンバー同士がお互いに尊重し合い、仲間を思いやる心や感謝の気持ちを持っている。

●「ありがとう！」「いいね！」などのポジティブな言葉が飛び交っている。

●メンバー各々がいい表情をしている。

●大きな目標を掲げている。それが、側から見ると「そんなの無理と思えるようなレベルのものであっても、メンバー全員が「絶対に実現できる」と信じている。

●その目標の実現に向けて、一人ひとりがコツコツと努力している。心身を追い込むような練習も、チームで励まし合いながらいい表情をしながら乗り越えている。

●仲間がミスをしてもなじったり怒ったりすることなく、その仲間を励まし、勇気づける言葉をかけている。また、一人のミスをほかのメンバーでカバーしようと行動している。

こういったチームの状態を、総じて「明るい（＝雰囲気がいい）」と表現しています。

私がメンタルサポートを担当する塾高・慶大の野球部、箕面自由学園高等学校チアリーダー部など、大きな目標を掲げ、成果を挙げているチームには共通してこの明るさが見られます。そして、この明るさこそが成果を挙げるチームに不可欠だと、私自身の経験からも確信を持って言えます。

そんな「明るいチーム」をつくるためにはどうすればよいのでしょうか？　ここから詳しくご紹介していきます。

チーム内に明るい雰囲気をもたらす「ありがとう」と「いい顔」

「ありがとう」は、ポジティブな感情とイメージを脳に想起させる代表的なプラスの言葉です。「ありがとう」の言葉を口にするときに、マイナスの感情を抱く人はまずいません。

そこで、守備を終えてベンチに戻ってきた選手を、「しっかり守ってくれてありがとう！」の意で「ありがとう！」と言って出迎える。声をかけられた選手も、「声援を送ってくれてありがとう！」「細かく指示を出してくれてありがとう！」の意で、「ありがとう！」と応じる。明るいチームではメンバー同士がお互いを尊重し合い、感謝の気持ちを持っているので、自然と「ありがとう」の言葉が交わされます。そして、チーム内がどんどん明るい雰囲気で満たされていきます。

また、これも既にお話ししたとおり、私たちの脳には『誰が言ったのか』は関知しない」という特徴があります。「ありがとう」という言葉が脳に伝達されると、あたかも自分が「ありがとう」と言った、あるいは自分が「ありがとう」と言われたものと受け取ります。

心の状態は脳の状態が反映されますから、「ありがとう」という言葉で脳内がポジティブな感情やイメージで満たされると、自ずと心の状態もポジティブになるというわけです。誰かが発した「ありがとう」の一言が、チーム内の何人もの人に前向きな心の状態をもたらし、雰囲気がどんどんよくなっていくのです。

表情もまた、チームの雰囲気を高める大事な要素です。それが、「いい顔」です。

「いい顔」とはやや抽象的な表現ですが、代表的な「いい顔」は笑顔です。笑顔を浮かべているときは自然とポジティブな感情が生まれます。

笑顔だけではありません。何かに集中しているときの冷静な表情や、堂々とした強気の表情もまた、チーム間での雰囲気を明るく、前向きにしてくれる「いい顔」の一つです。

メンバーが「いい顔」をしているのを見ると、自然とこちらも「よし、頑張ろう」と目標に向かってチャレンジする意欲が高まり、「いい顔」になれるわけです。「いい顔」もまた、チーム内にポジティブな感情の連鎖をもたらしてくれるすぐれものなのです。

プラスの感情をチーム内に広げる「ミラーニューロン」

「ありがとう」や「いい顔」といったポジティブな言葉や表情がチーム内にもたらす効果は、脳科学的にも説明できます。そのカギを握るのは、「ミラーニューロン」という脳の神経細胞の存在です。

ミラーニューロンとは、他人の行動やしぐさを見て、自分も同じ行動やしぐさをしているかのように反応する脳の神経細胞です。

映画鑑賞中に、悲しい情景がスクリーンに映し出されると、自然と涙が出る。

スポーツを観戦中に、劇的なゴールシーンが生まれると、思わずガッツポーズが出る。このような他人に感情移入する心の動きは、ミラーニューロンの働きによるものと言われています。「ミラー（鏡）」という言葉が表すとおり、まるで鏡に映したように、相手の行動や感情が自分の脳内で再現されるのです。

このミラーニューロンの働きがあるから、「ありがとう」と言われた人がうれしそうな表情を見せたら、その表情を見た周りの人もうれしい気持ちになる。そして、プラスの雰囲気がチーム内に広まっていくのです。

同様に、マイナスのイメージを連想させる言葉や表情もまた、ミラーニューロンの働きによってチーム内に悪い雰囲気をつくり出してしまいます。

たとえば、職場で上司が社員を叱責しているとします。叱られた社員は、自席に戻って一人落ち込んでしまう。こういった一連のやり取りもまた、それを見た人に叱られた社員と同じような心情を呼び起こしてしまい、暗い雰囲気が感染症のように一気にまん延してしまうのです。

この暗い雰囲気の広がりを喰い止めるためにも、叱責されて落ち込んでいる社員には何とか早く立ち直ってもらいたい、でも直接声をかけづらい……そんなときには、間接的に「ありがとう」という言葉をその社員の耳に届けてあげることが効果的です。

そうすると、その社員の脳の中で、過去に自分が「ありがとう」と口にしたとき、あるいは言われたときのポジティブな感情とイメージが呼び起こされるため、落ち込んでいた気持ちが和らぐというわけです。

このように、直接的に働きかけなくても、ミラーニューロンの働きを活かし、間接的にプラスの言葉や表情を伝えることで、マイナスの雰囲気を和らげ、プラスに変えることができます。それだけ、言葉・表情・動作が感情におよぼす影響は大きいのです。

「コミュニケーション＝最小限の報連相」と思っていた部長の変化

「スポーツチームにおいて『明るさ』が大事なのはわかりますが、会社組織でも『明るさ』は必要なのでしょうか？　毎月給料をもらっている以上、会社では黙々と仕事をするのが当たり前ではないですか？」

一定以上の年代の読者の中には、もしかしたらこのような疑問を抱く方もいるのではないでしょうか。

私がメンタルサポートで関わったIさんもその一人でした。

会社で部長職を務める40代のIさん。担当する部の業績がなかなか上がらずに悩んでいました。

「個々の社員がしっかり役割を自覚して働いてくれれば、目標数値は達成できるはずなのですが、なかなかこちらの思うように働いてくれなくて。いったいどうすればいいのか……」

若手社員の頃に高い業績を挙げて管理職に昇進した人の中には、「自分ができたのだから部下にできないことはない」「このくらい頑張って当然だろう」という自分のものさしで部下の仕事ぶりを評価してしまう人がいるものです。Iさんにもそのようなスタンスがうかがえました。

「ところでIさんは普段、部下の方々とコミュニケーションはとっていますか？」

「はい、とるように心がけているつもりです」

「たとえば、どんなふうに？」

「『あの件は、どうなった？』と問いかけると、『はい、このように対応しました』と返答があったりします」

「そのとき、Iさんは部下にどんな言葉をかけるのですか？」

「いや……、『うん』と頷きます」

私自身も会社員時代に経験がありますが、Iさんのように40代、50代で管理職を務めているような人が若手の頃というのは、トップダウン型のマネジメントが主流でした。バブルの頃は特に忙しかったこともあり、職場での会話もいわゆる「報連相（報告・連絡・相談）」を最小限で済ますことが〝当たり前〟でした。そのためIさんも、それが職場におけるコミュニケーションの定石だと認識していたのです。

仮に、Iさんが部下に対して、

「そうか、しっかり対応してくれてありがとう」

「スケジュールどおりに進んでいて、いい感じじゃないか」

といった言葉がけを付け加えていたら、その部下本人だけでなく、周りで仕事している社員にも「よし、頑張ろう」という前向きな気持ちが伝播《でんぱ》したことでしょう。

Iさんには、会話のラリーを心がけ、言葉数を増やしてみる提案をしました。何も難しい話ではないように思えますが、そもそもIさん自身、若手社員の頃に上司や先輩からそのような言葉をかけてもらった経験がありません。

「そう言われても、どんな言葉を返したらいいか……」

「言葉が見つからないのであれば、表情でもいいんです。少しニコッとしてみるだけでも相手が受け取るイメージは大きく変わりますよ」

「普段ニコッとするなんて、職場でやったためしがないから、それも難しいなぁ

「……」

「Iさんは、上司からどんな言葉をかけてもらうとうれしい、気分がいいですか？」

「う〜ん、『ありがとう』とか『よくやってるね』とかでしょうか……」

「それなら、まずはそれから始めてみるのはいかがですか？」

このようなセッションは数カ月におよびましたが、Iさん自身、「与えられた仕事はやって当たり前」という価値観が長年染みついていたこともあり、自身の行動や立ち振る舞いをなかなか変えられずにいました。

でも、ある日のこと。**職場がバタバタと忙しい中、電話を受け取ってくれた社員に対して、ニコッとした笑顔と、「ありがとう」という言葉を口にしてみたそ**

うです。すると、「今まで職場でそんな言葉を返したり、表情を見せたりしたことがなかったので、社員にはキョトンとされてしまいました」とIさんは照れくさそうに打ち明けてくれました。

ただ、思い切って行動に移すと、Iさんの中で殻が破れたのか、「ありがとう」と口にすることや笑顔が多く出るようになり、気づいたら業績も自然に上がっていたそうです。

チームリーダーこそ率先してプラスの言葉や表情を発信しよう

このIさんにかぎらず、「ありがとう」といった言葉や「笑顔」などの良い表情をアウトプットすることに慣れていない人が、職場やチームの中でいきなり実践するのは難しいことだと思います。

しかも、プラスの言葉を口にするメリットについては、さまざまなところで言われていて目新しくもないので、特に大学生や社会人にもなると、「そんなことは知っているよ」と斜にかまえ、馬耳東風に聞き流す人が多くいます。

たとえ知っていることであったとしても、これまでの価値観や先入観を一旦は横に置いて、まずは素直に取り組んでみる。これに尽きます。特に、管理職やリーダーの行動が変わると、チームにもたらすインパクトは大きなものがありますから。

この本を読んでいる方の中にも、チームリーダーやチームの主軸を担う立場の方がいるでしょう。そういった人は、チームの雰囲気を一気に明るくできるパワーを持っています。ぜひ、プラスの言葉や表情、態度を意図的にアウトプットし、率先して「明るいチーム」づくりを行ってみることをお勧めします。

「どうしてできないんだ?」ではなく「どうすればできると思う?」

プラスの言葉や表情を意識しようとはいっても、時にはメンバーの態度やパフォーマンスが思わしくなく、指導や注意をしなければならない場面が訪れます。できるはずなのに、なぜか結果が出ない。思うように動いてくれない。そんなときに、つい次のような言葉を投げかけてしまうことがあります。

「どうしてできないんだ?」「なんでできないんだ?」

言った本人としては決して責めるつもりはなく、「できない理由を言ってくれたら、アドバイスができるのに」という意味合いのもとに何気なく発するもの。でも「どうしてできないんだ？」という言葉は、裏を返すと「できて当たり前だろう」という含みを相手に与えてしまうので、言われた方は「当たり前のことができていない」と責められているように受け取ってしまいます。

もし、あなたがメンバーのためを思っているのであれば、次のように声をかけてみましょう。

「どうすればできる？」「どうすればできると思う？」

うまくできない現状は相手もわかっていて、その改善策を見出したいもの。そこで、相手に考えを促す問いかけをするとよいのです。そうすることで、改善策を見出せる環境を整えてあげることができます。

また、「どうすればできる？」と聞くことで、周りからも「もっとこうしたらいいんじゃないか？」とアイデアが生まれやすくなります。建設的な意見が飛び交い、協力関係が高まることで、さらにチームの雰囲気が明るくなっていくのです。

価値観のギャップは事前に考えを伝えることで解消できる

チームというのは、他人同士の集まり。メンバー一人ひとり、生きてきたバックボーンや経験、年代、考え方、価値観はそれぞれ異なるものです。

近年では会社組織でも「ダイバーシティ&インクルージョン」をキーワードに、

異なる価値観を理解し、受け入れることの重要性が叫ばれています。とはいえ、自分とは異なる価値観を理解し、受け入れるのは、言うほど簡単なことではありません。

身近な例を挙げると、「時間は守りましょう」と言われれば、誰もが「そのとおり」と思うでしょう。しかし、その「時間は守りましょう」という言葉に対する受け止め方は、実は人それぞれ微妙に異なります。

たとえば、あなたが部下とともに、午前10時に社長と待ち合わせをする予定があったとします。あなたは「社長を待たせるわけにはいかない」と10分前には待ち合わせ場所に到着。その5分後に（約束の時間の5分前に）、社長が到着しました。しかし、あなたの部下はまだ現れません。あなたが社長の顔色をうかがいながら冷や汗をかいているところに、部下が何食わぬ顔で待ち合わせ時刻ピッタリに到着しました。

「何をやっているんだ！　社長との待ち合わせなんだから10分くらい前には到着しているべきだろう？」

「どうしてですか？　遅刻していないのだからいいじゃないですか」

このように「時間を守る」という言葉の受け止め方は、人それぞれ解釈が異なるのです。先ほどの例で言えば、社長もあなたも部下も、「10時に集合」という時間に対する約束は守れていました。しかし、一人ひとりの価値観や常識が異なることで、行動に微妙なズレが生じストレスを抱えあう――このようなことが、どの組織にも起きているのです。

「まったく、最近の若いヤツには時間を守る感覚がないのか。困ったものだ……」

このように、価値観の相違を一方的に相手の人間性に求めて片づけることは簡単です。しかし、それでは、価値観のギャップは永遠に埋まらず、お互いにずっとギクシャクしたままの関係が続いてしまいます。

同じチームで身近に接している人ほど、「同じ価値観を持っているはずだ」「言わなくてもわかっているはずだ」と、私たちは勘違いをし、その前提でコミュニケーションを重ねがちなのです。だからこそ、一旦その前提を外して、ていねいに言葉を投げかけながら、見解や価値観の相違の溝を埋めていくコミュニケーションが非常に大切なのです。

「待ち合わせする相手が目上の方であれば、僕は10分前には待ち合わせ場所に着くべきだと思っている。もし君が10分前に来なかったら、そのときは一言言うかもしれないよ」

このように、「時間を守る」ということに対する自分の考えを、前もって相手に伝えておく。このひと手間だけで、コミュニケーションのギャップはかなり解消されます。

話し合いながらお互いの「譲ってもいい」範囲を共有する

「いや、課長はそうおっしゃいますが、なぜ約束の時刻ちょうどに到着するのがダメなんですか？」

あなたが自分の考えを伝えたとしても、それでも相手と価値観が折り合わないことがあります。そのときはどうすればよいでしょうか？

一言で「価値観」といっても、人には「これが理想」とする範囲と、「これくらいまでなら譲ってもいいな」と思える範囲があります。

ベストなのは、お互いに理想とする価値観の範囲が重なること。ただ、そうはいかなかったとしても**「譲ってもいい」と思える範囲内で折り合いをつけることができればＯＫ**。そのように考えてみるのです。

先ほどの待ち合わせの例で言えば、あなたにとっての理想の範囲は「10分前には着いているべき」。一方、部下にとっての理想の範囲は「時刻どおりに到着していれば大丈夫」。お互いの理想はピッタリとは重ならないけれど、「譲ってもいい」と思える範囲をどこまで広げられるかについて、お互いに歩み寄りながら折り合いをつけるのです。

「時刻どおりに到着するのは、決して遊んでいるわけではありません。アポイント先での商談の準備に時間をあてたいんです」

「君の言うことは間違っていないよ。でも、君も5分前に着いていたら、みんなが余裕を持って出発することができるし、忙しい社長を待たせなくても済むよね。だからせめて5分前には到着しておくのはどうかな？」

このように、**「理想」とする範囲と「譲ってもいい」と思える範囲について、同じチームの身内だからこそ、コミュニケーションをとって、お互いに歩み寄りながら、重なり合うポイントを探るのです。**お互いの範囲が重なり合うポイントは、よほどのことがないかぎり見つかることでしょう。

チーム内でルールを決める際にも、この方法を応用することができます。

「時間を守る」ということについて、メンバー間で話し合い、時間に関する考え方をルール化するとしましょう。

①約束の10分前には待ち合わせ場所に着いているべき
②約束の5分前には待ち合わせ場所に着いているべき
③決められた時刻ピッタリでもかまわない

この3つの解釈について、各メンバーに、自分の考えに最も近いものはどれか手を挙げてもらいます。そうすると、それぞれのメンバーの回答は①〜③のいずれかにバラけることでしょう。

そこで、リーダーであるあなたはこう提案してみます。

「みんなに結果を見てもらったように、『時間を守る』という非常にシンプルなことでも、その解釈は人それぞれ微妙に異なっている。一人ひとりの常識や価値観が少しずつ違っているから、自分の考えと合わないことが起きるんだ。そして、とかく人は、自分の身近にいる人が自分の考えと合わないことに、イライラするものなんだ。

でも、今、みんなの価値観を共有し合えたので、少なくとも僕たちのチームは、いちばん多くの手が挙がった②を目指してみないか？」

　このようにルールを決めるプロセスをオープンにすれば、チーム内で「自分たちでルールを決めた」という意識が生まれます。そのことで、「みんなで決めたルールなんだから、しっかりと守ろうよ」という責任感がより強まるのです。

第7章 「明るいチーム」がメンバーの主体性を育む

短期的な成果だけを求めるなら「暗いチーム」でもいい？

この本も、いよいよ最後の章となりました。

本章では引き続き「明るいチーム」をつくるうえでのリーダーの心がまえとマネジメントにおけるポイントについて、とりわけ重要なキーワードである「主体性」と「危機管理意識」を中心にお話しします。

「そもそも成果を挙げるためには本当に『明るいチーム』でなければいけないのでしょうか？　『明るいチーム』でなくても優れた結果を残した例はたくさんあるのでは？」

こういう質問をよく受けます。読者の皆さんの中にも、そんな疑問を抱いた方がいるかもしれません。

ご指摘はもっともで、結果を出すためには、必ずしも「明るいチーム」である必要はありません。

朝から晩まで練習に明け暮れ、名将と言われる監督が強権的な指導を行い、結果として優勝を成し遂げる……といった強豪チームは、どのスポーツにも少なからず存在します。監督の言うことは絶対服従で、練習中にミスをしたり、やる気のないプレーをしたら監督の怒号が飛ぶようなチームは、決して明るいチームとはいえないでしょう。

それでも、なぜ「明るいチーム」をつくるべきなのか。

結局のところ「暗いチーム」では、長続きしないからです。やっている本人たちが楽しくない、ワクワクしない状況で無理に頑張らせても、短期的には可能かもしれませんが、長続きはしません。

楽しいことしか続かない、と第3章でお話ししました。いくら成功のためとはいえ、「しなければいけない……」という義務感に苛まれると、感情がネガティブになり、行動意欲が下がってしまいます。

「こういう結果が出たら楽しいよね！」とワクワクするような成功のイメージをチームで共有して、そこに近づくために努力する過程をも楽しむ。そういう「明るいチーム」になれば、自ずと結果も伴ってくるでしょうし、さらに持続的に結果を出し続けることも可能になるでしょう。だからこそ、チームのリーダーには

「明るいチーム」づくりに取り組んでほしいと願っているのです。

「明るいチーム」をつくるには目先の結果だけにとらわれない

「明るいチーム」と「暗いチーム」を分ける大きな要素とは？
それは、メンバー各々の「主体性」です。

主体性とは「自分の意志・判断で行動しようとする態度」（デジタル大辞泉）のこと。やるべきことが決まっていない中で、自分の役割や立ち位置を自覚し、何をすべきかを自ら考え、行動できる人。さらに、その行動した結果に対して責任をとれる人が「主体性のある人」です。

類似する言葉に「自主性」があります。自主性とはやるべきことが決まっている中で、人から言われなくても率先して行動すること。その点で、「主体性」の方が、自分で考える範囲が格段に広く、より個人の裁量と責任に重きを置いたニュアンスがあります。

塾高野球部の森林貴彦監督は、部員の主体性を重んじたチームづくりを実践しているリーダーの一人です。

練習メニューや試合中の作戦やサインなども、選手たち自身に考えさせ、判断させています。甲子園の大舞台で、盗塁のサインが出ていないにもかかわらず自らの判断で盗塁を決める選手もいたほどです。選手一人ひとりに裁量を与え、主体性を引き出すことで、彼らが野球というスポーツに対して前向きに、チャレンジングに取り組める環境をつくっています。

また、森林監督は「勝利至上主義」でなく「成長至上主義」を指導方針に掲げています。

目先の勝ち負けだけを追うのであれば、経験のある監督が練習方法も試合中の作戦も一からすべて考え、指導した方が、最短距離で勝利にたどり着けるでしょう。でも、彼ら選手たちの人生は卒業後も何十年と続いていきます。森林監督の著書『Thinking Baseball』(東洋館出版社)には、その主体性を重視する指導者としての考えがつづられています。

「自分で考えろ」と言って選手に時間を与えるのは、2年半という短い期間しかない高校野球にとってはかなり遠回りな作業です。促成栽培とまでは言いませんが、結果を早く出すことだけを考えれば、自分が〝されてきた〟指導をベースにやらせたいことをすべてやらせるという安易な方法を選択しがちなのです。

しかし、チームというのは本来、選手と一緒に作っていくものだと私は考えます。選手の意見にも耳を傾けるべきで、ときには議論を戦わせることも必要でしょう。あるいは選手に委ね、選手たちだけで重要事項を決定させるような、〝精神的なゆとり〟も指導者は持っていなければなりません。

大切なのは、選手あるいはチームがいかに成長していくか。成長とは、目先の結果である勝ち負けだけではなく、前述したように高校野球を通していろいろな経験をすることであり、その価値自体を高めていくことです。このような基準、視点を持っていれば、上から押し付けるような指導には決してならないと思います。

(『Thinking Baseball』森林貴彦著／東洋館出版社)

「明るいチーム」をつくるのは、目先の結果だけではない、長期的な視点で主体性を持った人材を育てるため――森林監督の「成長至上主義」の考えは、スポーツだけでなくさまざまなチームの指導にあたるリーダーに、その大切さを教えてくれます。

「危機管理意識」があるからこそ真のプラス思考になれる

本書では、プラスの言葉や表情、態度によって、心の状態をポジティブに変えるメソッドについて、繰り返しお話ししてきました。

ただ、これもよく誤解されるのですが、どんな状況でも「どうにかなるさ」と楽観的に受け止めよう、と言っているわけではありません。

本当の意味でのプラス思考を備えた個人やチームには、不測の事態を想定し、前もって準備をする「危機管理意識」が必ず備わっています。

甲子園で優勝を果たした塾高の選手たちは、試合後にさまざまなメディアのインタビューを受けていましたが、その中では次のようなやり取りがよく聞かれました。

「あのピンチの場面でも冷静な表情に見えましたが、どんなことを考えていたのですか？」

「はい、あそこは想定内のことだったので、落ち着いて次のバッターに集中することを考えていました」

この**「想定内」**という言葉を、彼らは繰り返し発言していたのです。

事実、彼らは試合前日のミーティングで、さまざまなシミュレーションを行っていました。

「次の対戦相手の〇〇高校の打線には、こういう強みがある。だから、試合の中盤で必ず～のようなピンチの状況が訪れるはず。そのときには落ち着いて、△△のように対応しよう」

「自分たちが先制したとしても、相手の力を考えると、追いつかれることもあるだろう。だから同点まではOKとしよう」

「失点1はOKだけれど、ビッグイニングは避けよう」

このように、あらゆる展開を事前に想定し、そうなったときにどのように対処するか。そうした事前準備を入念に行い、選手たちはしっかりと頭に入れて試合に臨んでいたのです。だからこそ、ピンチになっても、不安げな表情を少しも見せることなく「あ、これ、昨日みんなで話し合ったあの場面だよね。こうすればいいんだよね」と、落ち着いてその状況を凌《しの》ぐことができたのです。これが、彼らの言う「想定内」の真意でした。

京セラや第二電電（現・ＫＤＤＩ）の創業者で、日本航空の再生にも尽力した稲盛和夫さんは、真のプラス思考についての同じような考えを、次の言葉で言い表しました。

「楽観的に構想し、悲観的に計画し、楽観的に実行する」

「明るいチーム」とは、ただやみくもに、楽観的に行動するチームのことを指すのではありません。稲盛さんが言われる「悲観的に計画」というフレーズの意にも込められているような、予め想定しうるかぎりの苦境の事態や懸案事項の洗い出しを行い、その対策を事前にしっかりと定めておく。そうした事前準備ができているからこそ、「この先、どんな事態に直面しても大丈夫」という安心感が生まれます。そして、あとは「何がなんでも成功させる、実現させる」という前向きな強い気持ちを持って行動することができる。「明るいチーム」とは、そんなチームのことなのです。

もちろん、すべての事態を事前に100％想定することは不可能です。行動してみて、想定していなかった事態に直面したら、そのときはそのとき。その時点で、対策を考えればよいのです。

寝る前に反省はしない

「自分はチームを良い方向に導けていないのではないか……」
「業績が伸びないのは、リーダーである自分のせいではないか……」

チームを率いるリーダーの中には、真面目すぎるがゆえに、このように自分を追い込んでしまう方もいます。

スポーツでも仕事でも、さまざまな考えや価値観を持ったメンバーを一つの方向に向け、マネジメントしていくのは大変な労力のかかることです。できなかったこと、うまくいかなかったことの原因を検証・分析することはもちろん大事ですが、悲観的なモードを引きずっていては、「明るいチーム」をつくることはできません。

中間管理職として働くKさん。几帳面で真面目な性格で、夜、寝る前に必ずその日の反省を行うことを日課としていました。

「今日はこれができなかった。それはこういうことが原因で……」

完璧主義と言えるほど些細なことまで「あれができていなかった」「これもできていなかった」とリストアップし、反省を繰り返していました。そのせいか、初めて会ったときのKさんはうかない表情を浮かべ、疲れている様子でした。

「最近、なかなかぐっすり眠れなくて。寝ている間に目が覚めてしまい、朝起きたときに疲れが抜けていないんです……」

人は、「できたこと」「よかったこと」より「できなかったこと」「よくなかったこと」にどうしても目を向けがちです。第1章でも触れましたが、私たちの脳は「プラスよりマイナスのことを優先的に記憶する」特徴があります。なので、どのような人も、実はマイナス思考型の人間なのです。

とはいえ、できなかったことばかり思い起こすと、「悔しかった」「つらかった」「迷惑をかけて申し訳なかった」などのネガティブな感情が高まり、気持ちがどんどん下がってしまいます。そうなると、改善策を考えるうえで必要な前向きなアイデアが浮かびにくくなってしまいます。

また、私たちの脳には「事の最後を重要視し記憶する」という特徴があります。

特に、**就寝前の10分間は「脳のゴールデンタイム」と言われ、その間に脳にイン**

プットしたこと、イメージしたことは強烈に記憶されてしまいます。よって、寝る直前の「ダメ出し反省会」は避けた方がよいのです。

では、どうしたらよいのでしょうか？

誤解を恐れずに言うと**「寝る前に反省はしない」**ことです。

反省はしない、といっても、その日の振り返りを一切するな、ということではありません。

「よかった点」も含め、その日一日をしっかりと分析し、明日に向けた成長の糧を具体化し、翌日に繋げられるようにすることが重要なのです。

「悪いところ」より「いいところ」に目を向けることで視野が広がる

とはいえ、長年築いてきた反省のスタイルを変えることは簡単ではないかもしれません。最悪な一日を過ごした夜などは、どうしてもマイナスなことばかりに気をとられてしまいます。

Kさんに尋ねてみました。

「今日、何かよかったことはありましたか？」

「いいえ、それが今日は最悪な一日で、悪いことばかり思い出してしまって……」

「どんな些細なことでもいいのです、強いて挙げるとしたら、どうでしょう？」

「うーん、強いて言えば、部下が忙しそうに対応に追われていたときに、私が率先して何本か電話をとったくらいかな……」

「いいですね！　Kさんが率先して電話に出たとき、部下の反応はどうでしたか？」

「電話が終わった後、庶務の女性が『○○課長、ありがとうございました』と言ってくれました」

「そのときどんな気持ちになりましたか」

「いや……まぁ、うれしかったですね」

――こんな調子で、Kさんとのセッションは地道に続いていきました。そして、3カ月が経った頃、Kさんが次のように言いました。

「そういえば最近、朝起きたときの感覚が違うというか……ぐっすり眠れるようになったように思います」

さらに数カ月が経った頃には、「部下や上司との関わり方が、だんだん円滑になってきました」といったポジティブな言葉が聞かれるようになりました。

小さな「よかったこと」を積み重ねていくうちに、状況がどんどん好転していったKさん。チームの雰囲気もだんだんと明るくなり、管理職としての自信を深めていったのです。

今はKさん個人のケースとして紹介しましたが、チームでも、お互いにいいところを見つけ、伝え合うことは「明るいチーム」づくりにおいて大切です。

私たちはとかく、「服装がだらしない」「喋り方が気に入らない」「目つきが悪い」など、人の悪いところ、マイナスなところに目が行きがちです。だからこそ、

普段からプラス面を見出すように意識する必要があるのです。

「いいところ」探しを習慣化することで「相手のことをもっと観察しよう」という意識が高まり、相手やチームについていろいろなことが見えてくるようになります。視野が広がり、どうしたらチームがもっとよくなるか、という改善点も見つかりやすくなるわけです。

長所や強みに目を向けるマジックワード「だからこそ」

もう一つ、自分自身の「悪いところ」ではなく「いいところ」に目を向け、プラスの感情を高めてくれるマジックワードをご紹介します。

それは**「だからこそ」**です。

たとえば、「仕事における決断が遅い」と悩んでいる管理職の人がいるとします。部下の相談や報告に対して、パッパッと決断を下す周りの管理職の同僚に比べて、自分はずっと考え込んでしまって決断が遅い。先日は上司である部長にもそのことを指摘されてしまった……そのせいで落ち込んでしまっています。

でも、決断が遅いということは、「だからこそ」それだけ慎重に、じっくりと物事を考えているということ。誰よりも、多くの状況を想定して検討しているという捉え方もできます。

周りより少し時間はかかるけれど、「だからこそ」拙速でない、最善に近い決断ができている。そう思うことができれば、「決断が遅い」という欠点に、いつまでも悩む必要はなくなります。その欠点を強みに変えられる可能性も広がるわけです。

先ほどのKさんのように、一日の振り返りをするときも、この「だからこそ」の視点が大切です。

与えられた役割に対して物事がうまく進まず、結果が出せないときは、ただでさえ気持ちが下がってしまいます。そんなときに、できないこと、結果が出ないことをあれこれ列挙したところで、ますます気持ちが沈むだけです。

「人の顔色ばかりをうかがってしまう。『だからこそ』気遣いができる」

そういう「だからこそ」の視点で振り返ってみると、たとえ小さなことでもポジティブな要素が見つかるものです。そして、過去から未来へと目線が変わり、気持ちが明るく、前向きになっていくのです。

リーダーの立場にある方であれば、部下やメンバーのマネジメントや評価においても、この「だからこそ」がマジックワードとして有効に活用できます。

先ほども言いましたが、私たちは他人に対しては無意識のうちに、できないこと、足りないところなどマイナス面に目が向いてしまうもの。でも、「だからこそ」の視点を持つことで、その裏に隠されているプラスの要素を見つけることもできるわけです。

「最近、仕事量が増えてきた。『だからこそ』仕事をこなす能力を早く身につけることができる」

「彼女、寡黙すぎるところが物足りない。『だからこそ』冷静に物事を判断することができる」

このように、**「だからこそ」で切り替えてプラス面を見出すことを習慣化する**と、長所や得意なことにも目が向きやすくなり、適材適所で仕事を割り振ったり、その得意なことを活かせる役割を与えたりすることもできるようになります。

そのことが結果として、「明るいチーム」づくりにも繋がっていくというわけです。

おわりに

「ミスターラグビー」平尾誠二君との出会い

ここまで、個人がパフォーマンスを最大限に発揮するためのトレーニング法、そしてチームや組織を「最強」にするための秘訣について語ってきました。一つひとつのメソッドはシンプルですが、繰り返し行い、習慣にすることで、いざというときに力を出し切れるようになることは、お読みいただいた皆さんにはもうおわかりかと思います。

とはいえ、私もかつては「成果の出るチームとは何だろう?」「どうすれば信頼できるリーダーになれるだろう？」と、ずっと悩み、考え続けてきました。そのようなとき、私にヒントをくれる、ある親友の存在がありました。
本書の締めくくりに、そんな平尾誠二君のことを少しお話ししたいと思います。

同志社大学や神戸製鋼で類まれなリーダーシップを発揮して常勝軍団を率い、「ミスターラグビー」と称された平尾誠二君。２０１６年に53歳の若さで他界した今も、その雄姿はラグビーファンの記憶に刻まれ続けています。

彼とは学生時代に知り合い、その後、たまたま同じ神戸製鋼という会社に入社した縁で仲が深まりました。80年代半ばの当時は、今以上に大学ラグビーの人気が盛んだった時代。全国大学ラグビーフットボール選手権大会で同志社大学を３連覇に導いた彼は知らない人のいないスター選手でした。社員寮の部屋が近かったこともあって、より一層親密さが増し、寮の部屋、三ノ宮や六甲界隈の店などで他愛のない話を頻繁に交わす間柄でした。

30年前から実践していた「主体性」のあるチームづくり

「一人ひとりがレベルアップしないとチームは強くならない。上からの指示を待つのではなく、自ら必要な練習を考えて行動できるメンバーが集うチームこそが強い」

最初は取るに足らない話でお互いに笑い合っているのですが、会話がひとたびチームや組織の話題におよぶと、平尾君はスイッチが入ったかのように、自身の「チーム論」「リーダー論」を熱く聞かせてくれました。

彼がキャプテンを務めた同志社大学ラグビー部では、監督が言ったことをそのまま実行するのではなく、選手一人ひとりが「強くなるためにはどうしたらいいのか」を考え、意見をぶつけ合う風土があったそうです。そこには、競技こそ違いますが、本書でもお話ししてきた慶應義塾高等学校野球部の森林貴彦監督が掲げる「成長至上主義」の考えにも通じるものがあります。

1988年、平尾君は25歳の若さで神戸製鋼ラグビー部のキャプテンに就任します。

キャプテンとして彼が実行したチーム改革はいくつかありますが、その一つが練習の改革でした。それまでの長時間におよぶ全体練習を減らし、週3日、2時間だけ。あとの時間はすべて、各人が自分に必要なことを考え、実践する。そんなスタイルにガラッと変えたのです。

「猛練習が当たり前」とされていた時代に、練習量を減らすという決断はそう簡単にできることではありません。しかし、彼には「主体性」のある個人が集まってこそ、強いチームになるのだという信念があったわけです。

個人の主体性よりもチームの協調性が重視される日本――このスタイルには、もう限界がきている。

チームワークを協調性だけで成り立たせようとすれば、出る杭は打たれる。そうなると、隣の人を見ながら自分のポジションを決めていくことになる。わたしは、主体性をもった個人がつくっていくのがチームだと考える。だから、チームは日一日と進歩する。チームの各セクションが主体性をもっているからこそ、柔軟性のある対処・対応能力がついてくるのだ。

（『人を奮い立たせるリーダーの力』マガジンハウス）

果たして、平尾君がキャプテンに就任した年から、神戸製鋼は全国社会人大会で7連覇を成し遂げ、黄金時代を築きます。

本書でも、「明るいチームには主体性がある」とお話ししてきました（第7章）。自分の役割や立ち位置を自覚し、何をすべきかを自分たちで考えるからこそ、前向きに、チャレンジングに取り組むことができる――30年以上も前から、しかもラグビーという規律が求められるスポーツにおいても、「主体性」こそがチームの真の強さの源泉であることに平尾君は気づいていたのです。

「平尾の話についていきたい」と手にした一冊の本

その後、私は神戸製鋼から日本航空に転職しますが、平尾君との交流は続きました。彼は34歳で日本代表の監督に就任し、名実ともに日本ラグビーの顔になっていました。

「今、チームのことで少し気がかりなことがあるんや」

最初はビールジョッキを傾けながら他愛のない雑談や近況報告に興じているのですが、私にもこのような話を持ちかけてくることがありました。その話の中で彼の豊富な経験に裏打ちされた「チーム論」「リーダー論」を惜しげもなく交えながら語ってくれるのです。その話はとてもレベルの高いもので、ついていくのに精いっぱいでした。

「もっと彼と対等に議論ができるようチーム論やリーダー論について学ぼう」

私の中で、次第にこのような思いが強くなっていきました。

そんなときに、ふと立ち寄った書店で、私の目に止まったのが、SBTスーパーブレイントレーニングを開発された西田文郎先生の著書『No．1理論』でした。

この本には、学生時代、貪るように読み進めた1967年刊行のベストセラー『成功哲学』（ナポレオン・ヒル著）に記されている〝成功者に共通する思考〟について、脳科学の視点からわかりやすく解説されていました。

そのおかげで、学生の頃、〝なぜ、それが必要なのだろう〟〝なぜ、そうなるのだろう〟などと疑問だった数々のことが解消されたのです。

その後、SBTの資格を取得し、月刊誌「致知」から得たさまざまな知見などもミックスさせ、慶應義塾体育会野球部、慶應義塾高等学校野球部、箕面自由学園高等学校チアリーダー部などのチームや個人のメンタルサポートに携わってきたわけです。

「人生というのはラグビーボールと一緒」

生前、平尾君はよく次のように言っていました。

「人生というのは、ラグビーボールと一緒や、どっちに転がるやわからへんで」

人生は楕円球のように、どっちに転がるかわからない。たまたま順風満帆だったとしても、横に大きくそれたり、手元に押し戻されたりもする。「しょせんそんなもんやって、人生は……」が彼の口癖でした。

人生、どちらに転がるのかわからないのであれば、自分がコントロールできることはしっかりとコントロールすべきです。そうした方がよいに決まっています。

たとえば、自分の目の前で起こる出来事に対して、どのように受け止めるか。否定的なことと捉え、マイナスな言葉や表情をアウトプットし、自分そして周囲の人をネガティブな場に導いてしまうのか、

もしくは、前向きに受け止め、プラスの言葉や表情をアウトプットし、自分そして周囲の人をポジティブな世界に導くのか、

私たち一人ひとりの受け止め方、解釈如何《いかん》によって、自分そして周囲の雰囲気が大きく変わります。場の雰囲気が変われば、そこに集う人たちの感情が変化し、

行動意欲や行動力に影響がおよびます。

であるからこそ、自分自身を正しくセルフコントロールし、実りあるイキイキとした人生を送ろうではありませんか。

本書に書かれていることは決して難しいことではありません。できるところからでも行動してみると必ず変われます。

「まずはやってみよう！」と一歩を踏み出される方の一助になれば、この上なくうれしく思います。

最後に、本企画をご提案いただいた株式会社幻冬舎の羽賀千恵さん、構成を担当していただいた堀尾大悟さん、そして株式会社サンリ 西田文郎会長、西田一見社長、臼井博文取締役、株式会社致知出版社 藤尾秀昭社長、板東潤取締役、慶應義塾体育会野球部　堀井哲也監督、慶應義塾高等学校野球部　森林貴彦監督、箕面自由学園高等学校チアリーダー部　野田一江監督、故　平尾誠二君　ほか、これまで出会ったすべての皆さまのおかげで本書を出版することができました。心よりお礼申しあげます。

参考文献

『No.1理論』（現代書林）西田文郎
『ビジネスNo.1理論』（現代書林）西田一見 西田文郎（監修）
『小さな習慣』（ダイヤモンド社）スティーヴン・ガイズ 田口未和（訳）
『Thinking Baseball』（東洋館出版社）森林貴彦
『人を奮い立たせるリーダーの力』（マガジンハウス）平尾誠二

著者略歴

吉岡眞司《よしおかしんじ》

人財教育家、慶應義塾体育会野球部・慶應義塾高等学校野球部人財育成兼メンタルコーチ、一般社団法人能力開発向上フォーラム代表理事、SBTアスリートメンタルコーチ&1級メンタルコーチ。

慶應義塾大学卒業後、株式会社神戸製鋼所で入社2年目から国家プロジェクトをマネジメント。その手腕を見込まれ、6年後に日本航空株式会社に転籍。営業・企画部門におけるトップマネジメント経験を経て、2015年に(一社)能力開発向上フォーラムを創立し代表理事に就任。

母校慶應義塾を始めとする各種教育機関での講演、大手企業の国内・海外支店における人財育成サポートのほか、〝企業・学校などの組織やチーム〟〝アスリート、受験生、主婦などの個人〟を対象とした人間力の醸成とメンタルタフネスをつくるサポートを行い、圧倒的な実績をあげている。ストレス軽減対策、本番で持てる力を最大限に発揮できるメンタルの形成、目標達成をめざす個人や組織・チームの風土改革や業績改善、そして偏差値50以下の受験生への指導や超難関校への合格実績等で驚くべき成果をあげている。

https://win-forum.jp

幻冬舎新書 739

強いチームはなぜ「明るい」のか

二〇二四年七月三十日　第一刷発行

著者　吉岡眞司
発行人　見城 徹
編集人　小木田順子
編集者　羽賀千恵
発行所　株式会社 幻冬舎
〒一五一―〇〇五一　東京都渋谷区千駄ヶ谷四―九―七
電話　〇三―五四一一―六二一一(編集)
〇三―五四一一―六二二二(営業)
公式HP https://www.gentosha.co.jp/
ブックデザイン　鈴木成一デザイン室
印刷・製本所　株式会社 光邦

Printed in Japan　ISBN978-4-344-98741-8 C0295
よ-12-1

*この本に関するご意見・ご感想は、左記アンケートフォームからお寄せください。
https://www.gentosha.co.jp/e/